IN LIEBE,

DEINE *Seele*

Eine Reise zu Dir selbst -
für ein erfülltes Leben voller
Lebendigkeit und Tiefe

Für dich Pia,
weil ich mit dir lachen kann
und unsere Seelen im gleichen
Rhythmus schwingen.

IN LIEBE,

DEINE *Seele*

NICOLE WENDLAND

und andere

Bibliografische Information der Deutschen Nationalbibliothek: Die Deutsche Nationalbibliothek verzeichnet diese
Publikation in der Deutschen Nationalbibliografie;
detaillierte bibliografische Daten sind im Internet über
http://dnb.dnb.de abrufbar.

INHALTSVERZEICHNIS

INHALTSVERZEICHNIS

EINFÜHRUNG

Ich freue mich, dass du mein Buch in der Hand hältst. Sicherlich bist du gespannt, worum es gehen wird und was du daraus mitnehmen wirst. Ich erzähle in diesem Buch viel von mir, aber eigentlich hatte ich dabei immer dich als Leser*In im Sinn. In diesem Buch werden dir auch andere Menschen begegnen, die von ihrer Reise erzählen. Wie auch im Leben, geht es in diesem Buch nicht nur um mich oder meine Perspektive.

Schließlich, auch das wirst du auf den folgenden Seiten erfahren, gibt es nicht nur eine Wahrheit. Deshalb findest du in diesem Büchlein verschiedene Beiträge ganz unterschiedlicher Menschen, die von der Liebe und ihrer Reise zu sich selbst berichten.

Ich bin zutiefst dankbar für das Vertrauen und die wertvollen Gedanken, die diese Menschen mir geschenkt haben.

Jeder Beitrag, der mich erreichte, war für mich wie ein Geschenk in goldenem Papier, das ich voller Neugier öffnete. Und ich kann sagen, ich fühlte mich jedes Mal reich beschenkt. Ich bin zuversichtlich, dass die Beiträge – die du immer am Ende eines Kapitels findest – für dich genauso wertvoll sein werden.

Dieses Buch ist ein Sachbuch im allerweitesten Sinn, zumindest, wenn wir davon ausgehen, dass die Seele keine Person und die Liebe die schönste Nebensache der Welt ist. Allerdings ist es ein sehr persönliches Sachbuch, denn vieles von dem, was ich dir erzähle kann nicht bewiesen werden.

Du hältst das Ergebnis meines intuitiven Gedankenflusses in den Händen.

Um diesen Fluss nicht unnötig zu unterbrechen, benutze ich die weibliche oder männliche Form ganz intuitiv: Wenn ich nur eine der beiden Formen verwende, dann meine ich damit immer alle Menschen, es sei denn, ich schreibe ausdrücklich Frauen, Männer oder Kinder.

Auf meiner Webseite findest du passend zu dem Buch noch eine Meditation mit dem Titel „Eine Reise zu dir" und noch ein paar andere Zutaten für eine gute Reise.

Jetzt wünsche ich dir viel Freude auf deiner Reise, bei der es um die Liebe zu dir selbst geht und du in die Tiefen deiner Seele abtauchst.

AM ANFANG DER REISE

Die Idee für dieses Buch beginnt mit einem Liedtext von Robbie Williams.

Als ich den Text zum ersten Mal las, berührte er mich ganz besonders.

I love my lifeI am powerful
I am beautiful
I am free
I love my life
I am wonderful
I am magical
I am me
I love my life

I am not my mistakes
And God knows I made a few.
...
Robbie Williams[1]

Vor allem die Zeile: „I am not my mistakes" berührte mich so tief, dass mir die Tränen kamen, und Tränen sind ja bekanntlich die Sprache der Seele.

Ich lade auch dich ein, den Text laut zu lesen. Dann entfaltet er seine ganze Kraft. Vielleicht ist es eine ganz andere Stelle, die dich berührt? Es könnte der Beginn deiner Reise sein.

Meine Reise begann vor ein paar Jahren. Ein Weg in ein Leben, das zu mir passt. Ich habe mich auf die Suche nach meiner Lebensfreude gemacht. Jetzt kann ich sagen, ich habe sie gefunden. Auf dem Weg habe ich gelernt, wenn ich ein Leben will, das ich liebe, dann geht das nur, wenn ich auch mich selbst liebe.

Fest steht: Wir leben so oder so unser Leben. Wir haben nur das eine. Entweder leben wir es, in dem wir überwiegend funktionieren und den Erwartungen anderer entsprechen oder wir leben es von innen heraus. Ein Leben, das uns strahlen lässt. Voller Wärme, Zuversicht und Liebe. Genau damit bereichern wir das Leben von anderen. Deshalb ist es nicht egoistisch, sich selbst zu lieben.

Doch nur allein das Wissen darum reicht nicht aus. Wir müssen es auch fühlen, um es zu leben. Deshalb nehme ich dich mit auf eine Reise, die ich begonnen habe und die noch nicht am Ende ist. Mach' dich bereit und lass' dich zu einem unvergesslichen Erlebnis verführen – der Reise zur Liebe zu dir selbst.

DIE REISE ZU DIR

Die Reise zu uns selbst beginnt oft zu einem Zeitpunkt, nachdem wir uns im Außen verloren haben.

Als Kinder leben wir mehr in unserer Innenwelt als in unserer Außenwelt. Mit den Jahren aber wird die Welt im Außen und oft auch die Meinung anderer Menschen immer wichtiger. Viele Freunde zu haben, anerkannt zu sein, eine Ausbildung zu absolvieren, um anschließend einen angesehenen Beruf ausüben zu können und vielleicht eine Familie zu gründen, sind alles durchaus erstrebenswerte Dinge.

Doch der Spagat, um den Erwartungen im Außen zu entsprechen und gleichzeitig den innersten Wünschen und Bedürfnissen gerecht zu werden, wird schnell zu einem immer kräftezehrenderen Wechselspiel.

Damit diese unbewussten Prozesse in unser Bewusstsein gelangen, geht der Reise zu uns selbst oft eine besondere Zeit voraus: ein Unglücklich sein, eine Krankheit oder ein prägendes schicksalhaftes Ereignis im Umfeld.

So auch bei mir. Ich war nicht glücklich. Zufrieden, ja, aber glücklich? Obwohl ich drei Kinder hatte, meinem Traumberuf als Grundschullehrerin nachgegangen war, einen liebevollen Mann an meiner Seite, Freunde und genug Geld hatte und voll im Leben stand. Irgendwo auf meinem Lebensweg hatte ich die Leichtigkeit und das Lachen verloren.

Gleichzeitig war da so eine Sehnsucht in mir, die ich nicht genauer bestimmen konnte. Ich wartete darauf, dass sich etwas änderte. Spürte eine Unruhe in mir. Wenn die Kinder groß waren, die Belastung kleiner, dann würde die Leichtigkeit und die Freude bestimmt zurückkehren. Dachte ich. Doch es sollte anders kommen.

Ich musste erst an einem Punkt „of no return" ankommen, bevor ich einsah, dass es nicht mein Leben war, dass sich ändern musste, sondern ICH es war, die etwas ändern musste. Diese Erkenntnis war nicht die Folge eines bestimmten Ereignisses. Vielmehr war es die plötzliche Klarheit, mit der ich erkannte, dass ich immer mehr hinter einem Panzer verschwand, den ich selbst aufgebaut hatte.

Im Außen war ich freundlich, optimistisch. Ich passte mich an. Ich war „normal". Im Inneren jedoch fühlte ich eine Traurigkeit, die mich verunsicherte. Ich erreichte einen Punkt, an dem mir klar wurde: so nicht mehr. Da muss doch noch mehr Fröhlichkeit, mehr Lachen, mehr Liebe sein.

Ich wollte mehr Lebensfreude in mein Leben holen und merkte schnell, es war vertane Zeit, wollte ich auf fröhlich machende Situationen warten. Ich erkannte, ich muss das Leben annehmen, wenn ich an ihm Freude haben möchte. Ich muss mich annehmen, wenn ich mit mir in meinem Leben Freude haben möchte.

Seitdem hat sich einiges in meinem Leben verändert. Heute Morgen habe ich meinen geliebten See umrundet. Die Sonne glitzerte auf dem Wasser und der See schimmerte in einem tiefen Blau. Während meine Runde dem Ende zuging, freute ich mich auf die Bank am Ende des Weges, auf der ich eine kleine Pause einlegen wollte. Dort angekommen, genoss ich die kühle Morgenluft und den wunderschönen Blick über den See. Und da war sie, die Lebensfreude!

Auch wenn ich Yoga unterrichte, freue ich mich auf ganz bestimmte Haltungen, auf Sequenzen, wenn ich Qigong praktiziere. Höre ich Musik, hüpft mein Herz vor Freude bei den Geigen.

Bei der Meditation wird mein Herz weit und ein Schwall von Energie wird frei. Ich liebe diese kleinen Momente. Der erste Schluck meines Milchkaffees. Die Sonne, die über dem Hügel aufgeht, den ich von unserem Küchenfenster aus sehen kann.

Der Moment gerade jetzt, da ich im Auto sitze und die Zeit nutze, um zu schreiben. Mein Sohn mit seinen Freunden beim Bowlen ist und ich es genieße, in den Schreibflow zu kommen.

Ich freue mich auf den Moment kurz vor dem Einschlafen, wenn ich noch mal ganz bei mir bin, in meinem inneren Raum. Und ja, ich liebe mich selbst dafür, dass ich mir all diese kleinen Momente erlaube.

Ich bin dankbar, dass ich diese Reise zu mir selbst begonnen habe, damals. Stück für Stück bin ich den Weg meiner inneren Reise gegangen.

Es begann an dem Tag, als mir bewusst wurde: Wenn ich mich mehr des Lebens freuen will, dann sollte ich mein Leben lieben. Das kann ich jedoch nur, wenn ich auch mich selbst liebe. Schließlich gibt es „mein Leben" nur, weil es mich gibt. Mein Körper, mein Geist, meine Seele sind ein großer Teil davon. Und ich durfte erkennen, dass sie eine weitaus größere Rolle in meinem Leben spielen, als ich es bisher annahm.

Viele Menschen glauben, dass sie nur ein kleiner Punkt auf der Landkarte ihres Lebens sind. Der Rest ist gefüllt von anderen Menschen und deren Erwartungen.

Nein, es ist genau umgekehrt: mein Ich, mein Wesen, meine Energie beeinflusst alles um mich herum. Alles auf meiner Landkarte wird geprägt von meinen Gedanken, meinen Einstellungen und meinen Emotionen. Es lässt sich nicht trennen. Jeder Gedanke, jedes Gefühl von Wut, Trauer, Enttäuschung, Angst, Resignation beeinflusst mein Erleben.

Jedes Mal, wenn ich mich wertlos, wie ein Versager, dumm, hässlich, zu dick, zu überheblich, zu forsch, zu streng, zu was-auch-immer fühle, nehme ich mir selbst ein Stück meiner Lebensfreude weg.

Wie viel Zeit verbringen wir damit, uns selbst schlecht zu machen, uns zu kritisieren, uns kleinzumachen? Ich habe viel Zeit damit verbracht und mir damit Stück für Stück die Freude am Leben genommen.

Ja, manchmal ist es gut, selbstkritisch zu sein. Es ist gut, wenn wir etwas ändern wollen. Das kann der erste Schritt sein. Wie oft aber ist die Selbstkritik lediglich der Weg, um sich als Opfer dieses Lebens zu fühlen?

Ich musste erkennen, dass mein Bedürfnis nach mehr Freude, mehr Leichtigkeit, mehr Lachen sich nur durch die Bereitschaft befriedigen ließ, meine alten negativen Überzeugungen über mich selbst loszulassen. Stück für Stück. Diese Reise begann vor ein paar Jahren.

Gerne nehme ich dich mit auf diesen Streifzug durch mein Leben. Ich will dich nicht belehren, will dir nicht sagen, wie deine Reise aussehen sollte. Ich kann dir auch nicht sagen, was du tun musst. Du wirst in diesem Buch ebenfalls keine Übungen finden. Ich möchte dich inspirieren und dich zum Nachdenken anregen.

Ich sehe dich vor mir, wie du diese Zeilen liest, das Buch sinken und deine Gedanken wandern lässt. Vielleicht fallen dir Situationen aus deinem Leben ein und du gehst in Resonanz mit mir und mit den Beiträgen der anderen Menschen in diesem Buch. Denkst ja, so ist das auch bei mir. Vielleicht regen sich auch Widerstände in dir und du siehst es ganz anders. Auch das ist gut. Widerstand bringt Klarheit, wenn wir ihn zulassen. Er bringt Klarheit, um uns eine eigene Meinung bilden zu können, die immer etwas mit unserer persönlichen Geschichte zu tun.

Ich lade dich ein, gemeinsam mit mir auf die Reise zu gehen: Sie wird dich in die Tiefe deiner Seele führen. Alles, was du brauchst, ist ein wenig Zeit, Muße und Geduld.

JOHANNAS REISE

Was bedeutet Selbstliebe für mich? Erst als es mir schlecht ging, habe ich ernsthaft begonnen, mich um mich selbst zu kümmern. Ich begann mit Meditation, und seither ist die Selbstliebe erst ein Thema für mich. Ich wurde achtsamer, versuche mehr im Jetzt zu sein und häufiger auf mein Bauchgefühl zu hören. Allerdings ist die Selbstliebe ein sehr weites Feld, und gerade während ich darüber schreibe, stelle ich fest, dass ich wohl doch noch immer sehr am Anfang stehe.

Ich bin zwar inzwischen deutlich mehr im Reinen mit mir, aber viel zu oft bin ich sehr selbstkritisch, genüge nicht meinen Ansprüchen sowohl im Verhalten als auch in meinen Gefühlen und im Äußerem. Allerdings ist die Tatsache, dass ich das reflektieren kann, doch ein Schritt in die richtige Richtung. Also dranbleiben, es lohnt sich!

Johanna 54, Mutter von zwei erwachsenen Söhnen

ALLES LIEBE?

Wir hörten Abba. Ich war 11 Jahre. Die Liebe wurde besungen. Ich wollte das nicht. Nicht für mich.

Ja, natürlich. Ich liebte unseren Hund. Meine Eltern waren meine Eltern. Sie waren für mich da. Und sonst?

Freundinnen gab es auch. Ebenso meine Geschwister. Sie waren einfach da. Liebte ich meine Eltern, meine Geschwister? Bestimmt. Fühlte ich das Gefühl von Liebe? Ich weiß es nicht.

In meiner Definition von Liebe hatte nur weniges Raum. Der Hund zum Beispiel.

Abba sang über die Liebe. Die Liebe zwischen Mann und Frau. Ich wollte das nicht. In meiner Welt war kein Platz für Jungs, die ich lieben sollte. Ich fand das abstoßend. Ich hätte mich darauf einlassen können, meine Eltern zu lieben. Aber Jungs. Auf gar keinen Fall.

Ich empfand Widerstand. Mir war nicht bewusst: Ich stand vor dem nächsten Entwicklungssprung. Auf der Schwelle des Erwachsenwerdens. Ich wollte keine Veränderung. Ich wollte, dass alles so blieb, wollte Kind bleiben.

Unbewusst war mir vermutlich klar, dass Liebe auch Verletzlichkeit und Schmerz bedeutet. Ich wollte in der unschuldigen Welt des Kindes bleiben. Keine Veränderung.

Damals war mir nicht klar, wie wichtig mir später diese Form von Liebe werden würde. Ich wusste noch nicht, welche Bedeutung die Liebe in meinem Leben einnehmen würde. Die Veränderung kam schleichend. Andere Menschen nahmen mehr Raum in meinem Leben ein. Ich begann andere zu analysieren, zu bewerten. In „mag ich" oder „mag ich nicht". Noch fand sich die Liebe nicht ein. Der Druck, gemocht zu werden, nahm zu. Wurde teils unerträglich. Das Gefühl, nicht gemocht zu sein, wurde zum Damoklesschwert, das über Glück und Unglück entschied. Die Beziehungen zu anderen wurden bedeutsamer: zu Lehrern, zu Freunden, zu Mitschülern. Sie nahmen immer mehr Einfluss auf mein Leben. Ich selbst trat zurück. Wurde unwichtiger. Gemocht zu werden, wurde zum Maß der Dinge. Lediglich zu Hause zeigte ich Ecken und Kanten.

Die Liebe exkludierte ich mehr und mehr aus meinem Leben. Sie beschränkte sich auf weniges.

Irgendwann forderte die Biologie ihren Tribut. Ganz unmerklich wuchs mein Interesse für das andere Geschlecht. Ganz leise kam es angetappst. Mehrere Versuche brauchte die Liebe, um durchzudringen, um ganz anzukommen. Bei mir.

Das erste Verliebt sein. Der erste Herzschmerz.

Dann wieder verliebt sein. Herzschmerz. Ein ständiges Auf und Ab. Solange, bis der Herzschmerz zu einem echten körperlichen Schmerz wurde. Nicht auszuhalten. Tief durchdringend. Es tat so weh.

War es die Liebe, die so weh tat? Oder die Nicht-Liebe? Oder die Liebe, die sich aus meinem Leben gezogen hatte, wie das Wasser bei Ebbe.

Da war die Liebe gewesen und nun war sie wieder weg. Auf Liebe folgte Herzschmerz, folgte Einsamkeit, folgte die Angst, folgte die Sinnlosigkeit, folgte die Sehnsucht, folgte die Jagd auf erneute Liebe. Bis ich sie fand. Die neue Liebe zu einem Menschen.

Was ist diese Liebe? Diese Liebe, die so viel besungen wird. Über die so viel geschrieben wird. Diese Liebe zwischen Mädchen und Jungen, zwischen Mann und Frau. Zwischen Mann und Mann. Zwischen Frau und Frau. Zwischen Mutter und Kind. Zwischen Vater und Kind. Zwischen Geschwistern. Zwischen Großeltern und Enkel. Zwischen Mensch und Tier. Zwischen Mensch und Natur. Zwischen zwei Lebewesen.

Zur Liebe gehören immer zwei. Die Liebe braucht ein Subjekt und ein Objekt. Ich liebe dich. „Ich" gleich Subjekt, „dich" gleich Objekt. Tom liebt Anna. Wer oder was liebt Anna? Tom! Wen oder was liebt Anna? Tom. So haben wir es schon in der Schule gelernt.

Für die Liebe braucht es zwei. Mindestens. Oder drei. Oder noch mehr!

Zwei ist genau richtig. In manchen Zusammenhängen können es auch mehr sein. Ich liebe meine drei Kinder. Ich liebe meine unzähligen Rosen. Zwei, drei, unendlich viele.

Es gibt Menschen, die lieben alle Menschen. Geht das wirklich? Darauf kommen wir später noch mal zurück.

Perfekt ist die Liebe, wenn es den einen und den anderen gibt. Oder das eine und das andcrc und sie sich ergänzen.

Oder? Ist das so? Ist das wirklich so? Wirklich?

Hast du dir darüber schon mal Gedanken gemacht? Braucht es für die Liebe immer zwei. Mindestens zwei? Ist das wirklich wahr? Kann die Anzahl derer, die ich liebe, unendlich sein? Geht das? Und wie ist das mit der Liebe zum Leben. Umfasst die nicht alles? Die Menschen, die Natur, alle Lebewesen?

Was ist eigentlich mit der Eins. Kann die Liebe sich selbst lieben? Geht das? Stelle dir vor, die Liebe ist eine Person. Zufällig triffst du Frau Liebe beim Einkaufen, oder Herr Liebe – such' es dir aus.

Ihr kommt ins Gespräch. Du sagst: „Frau Liebe, wie geht es dir? Was macht die Liebe?" „Ach, es geht so", sagt Frau Liebe. „Ich gebe mir so viel Mühe, die Menschen zu lieben, aber sie machen es mir nicht leicht. Manchmal würde ich am liebsten niemanden lieben müssen!"

„Dich auch nicht?", rutscht es dir heraus. Frau Liebe schaut dich entsetzt an: „Also mich kann ich am allerwenigsten lieben. Nein, nein, meine Liebe spare ich mir für die anderen auf. Das ist schon anstrengend genug!"

Nun bist du an der Reihe, entsetzt zu schauen: „Aber Frau Liebe, du bist doch die Liebe. Wie kannst du die Liebe sein, wenn du für dich selbst keine Liebe empfindest?"

„Hmm!" macht Frau Liebe. Und dann noch mal: „Hmm!".

„Denk' doch mal nach" sagst du. „Du bist die Liebe. Du liebst dich also ganz automatisch."

„Das ist mir neu", sagt Frau Liebe spitz. Und trippelt auf ihren knallroten Stöckelschuhen davon. Einige Tage später ruft sie dich an. Sie entschuldigt sich für ihr Verhalten und sagt mit weicher Stimme: „Weißt du, ich glaube, es stimmt! Ich bin die Liebe, ich brauche mich gar nicht zu lieben, denn ich bin Liebe. Das hatte ich ganz vergessen. Nur wenn ich auch die Liebe bin, dann kann ich auch Liebe weitergeben!" „Genau" sagst du und schmunzelst in dich hinein.

Als du dein Telefon weglegst, bist du erleichtert, dass du nicht Frau Liebe bist. Du bist erleichtert, weil du Frau „Was-ich-an-mir-mag-ist-wenig" bist.

Vielleicht bist du aber auch Herr „Ich-bin-total-unwichtig" oder Herr „Liebe-komm-hör-mir-damit-auf" oder Frau „An-mir-gibts-nichts-Gutes".

Ja, du bist erleichtert, denn dein Name ist nicht deine Berufung. Wie bei Frau Liebe. Deine Berufung ist dein Beruf. Oder deine Kinder. Oder dein Haus. Oder dein Garten. Oder?

Frau Liebe ist die Liebe. Sie ist Eins. Es geht also doch. Liebe braucht nicht zwei oder mehr. Liebe braucht einen. Dich. Wenn du dich ganz fühlen willst. Wenn du ganz bei dir ankommen willst. Wenn du Eins sein willst. Dann braucht es nur einen: Dich. Dann bist du Frau Liebe. Oder Herr Liebe. Ganz. Eins. Einzigartig.

Stell dir vor, du wärest die Sonne. Du leuchtest und wärmst alle um dich herum. Es wird hell und warm, wenn du da bist. Nicht du wirfst Schatten, sondern das, was sich vor deine Strahlen stellt. Ein Baum, ein Haus oder gleich ein ganzer Wald.

Jetzt kommt die Millionenfrage. Was würdest du sagen, wenn die Sonne sagt: Ich kann nur für die anderen scheinen, aber nicht für mich.

Schau, das lässt sich gar nicht trennen. Die Sonne scheint. Sie scheint für sich und für die anderen. Eigentlich ist es egal für wen. Sie scheint einfach. Da, wo sie ist, ist es hell und warm. Es gibt keine Unterscheidung zwischen der Sonne und den anderen. Genauso ist es mit der Liebe.

MELANIES REISE

Selbstliebe. Liebe. Die Liebe zu mir selbst. Da geht es um ein Gefühl. Ein Gefühl, dass in einer Beziehung fließt. In der Beziehung von mir zu einem Partner, zur Familie, zur Natur, zu einer Leidenschaft oder eben – zu mir selbst. Selbstliebe ist für mich das, wie ich meine Beziehung zu mir selbst leben möchte. Es ist eine innere Haltung mir selbst gegenüber. Wie jede Beziehung im Wandel ist, ist auch die Beziehung zu mir ein sich immer wieder wandelnder und stetig weiter entwickelnder Prozess, dem ich mich zuwenden kann, darf, manchmal muss. Damit die Liebe wieder spürbar wird, wenn sie mal wieder verloren gegangen ist.

Es heißt ja, Liebe umfasst alles. Sie umfasst mich mit allem, was ich bin. Mit meinen Stärken und Schwächen. Meinem ganzen Sein. Und so gehören zur Selbstliebe für mich Dinge wie Annahme, Mitgefühl, Akzeptanz, Loslassen, Anerkennung und Wertschätzung, Freude an mir und am Leben. Manchmal drückt sich die Selbstliebe in den Gefühlen, die ich für mich und das Leben empfinde, aus. Und manchmal durch mein Handeln. Ich frage mich z.,B. immer wieder mal „Was wäre heute ein Akt der Selbstliebe?" Eine offene Frage, die es mir ermöglicht, mich meinen Bedürfnissen zu zuwenden. Mal ist es ein Akt der Selbstliebe, einen Termin abzusagen, früh schlafen zu gehen oder gut für mich zu kochen. Mal ist es mir eine Massage gönnen, um zu entspannen, sich berühren zu lassen und dadurch (wieder) mehr im eigenen Körper anzukommen. Diese Akte der Selbstliebe drücken meine Liebe mir selbst gegenüber aus und helfen dann letztlich in der Annahme, im Frieden mit sich selbst diese Liebe auch zu fühlen.

Melanie Jung, 50 Jahre, Tanz- und Bewegungspädagogin

BEI DIR SEIN

Neulich fragte mich jemand: „Wie ist das eigentlich dieses ‚Bei mir sein‘. Wie geht das – ganz bei mir sein?“

Ehrlich gesagt, wusste ich es in dem Moment auch nicht so genau, weil ich bis dahin noch nie darüber nachgedacht hatte. Ich wusste nur, wie es sich für mich anfühlt: Bei mir zu sein.

Wann bin ich ganz bei mir? Muss ich mich erst selbst finden? Wir brauchen uns selbst nicht mehr zu finden, denn unsere Identität wird uns durch die Noten in der Schule, unsere Arbeitgeber, durch Freunde gespiegelt.

Hinzu kommen die sozialen Medien, durch die wir mit jedem „Like“ mit jedem Kommentar unser „Ich“ formen.

Ich spreche von wir. Eigentlich meine ich „Ich“. Das wird mir gerade bewusst. Schließlich weiß ich gar nicht, wie das bei dir ist. Ich kann es nur vermuten.

Es ist ein schönes Gefühl, wenn ich bei mir bin. Dann mag ich mich selbst und bin gerne mit mir allein. Mag meine Gesellschaft. Wenn du nicht gerne mit dir allein bist - warum nicht? Was fehlt dir? Brauchst du die Ablenkung von dir selbst? Bist du dir selbst nicht gut genug?

Lass uns also auf die Reise gehen. Was heißt: Ich bin ganz bei mir? Wenn ich ganz bei mir bin, dann gibt es keine Störung im Außen. Niemand will was von mir, keiner wartet auf mich. Ich brauche nicht zu agieren.

Es gibt keine störenden oder beunruhigenden Gedanken. Ich bin ganz im gegenwärtigen Moment. Ganz im Jetzt. Meine Gedanken fühlen sich fließend und gut an. Ich bin mehr im Gefühl als im Kopf. Das, was um mich herum ist, ist nicht so wichtig.

Jetzt, während ich am warmen Kamin sitze, bin ich ganz bei mir. Schreibend. Ich schreibe und fühle. Fühle und schreibe auf, was ich fühle. Ich fühle und denke und schreibe es auf.

Wenn ich nicht bei mir bin, dann bin ich schon in Gedanken bei Tätigkeiten, zu denen ich keine Lust habe. Oder ich komme in die Küche und sehe das Chaos. Frage mich „Wer war das?" Überlege, wie ich am besten reagiere. Versuche, meinen Ärger runterzudrücken. Dann bin ich nicht bei mir.

Der aufschwallende Ärger und mein Verstand kämpfen miteinander. Der Ärger würde am liebsten brüllen: „Wer war das? Bin ich die Einzige, die hier aufräumen kann?" Mein Verstand versucht zu beruhigen, abzuwägen, das Schlimmste zu verhindern.

Wer siegt? Manchmal der Ärger, manchmal der Verstand. Definitiv bin ich dann nicht bei mir. Ich bin im Außen, beim Chaos in der Küche, bei demjenigen, der das möglicherweise angerichtet hat. Dann bin ich bei Stimmen, die mir sagen wollen, wie eine Mutter am besten reagieren sollte, bei pädagogischen Ratgebern. Dann wird mein innerer Kritiker ganz laut.

Gebe ich dem Ärger nach und stapfe wütend durch die Wohnung, pflaume mein Kind an, dann kommt am Ende der Ärger noch über mich selbst dazu. Die Enttäuschung über mein Versagen: Wieder nicht liebend, pädagogisch wertvoll reagiert.

Wenn ich aber ganz bei mir bin, dann ist da eine tiefe Ruhe, Entspannung, Gelassenheit, ein inneres Lächeln. Dann zählt nur meine Stimme. Mein Sein in diesem Moment.

Seitdem ich ganz regelmäßig meditiere und auch in meinem Alltag immer öfter im gegenwärtigen Moment verweile, seitdem hat sich etwas verändert. Aus einem zufälligen ‚Ganz bei mir sein‘ ist ein Gewolltes geworden: auf meinen Spaziergängen. Beim Autofahren. Wenn ich noch im kuschelig warmen Bett liege. Beim Kochen. Wenn ich beim Lesen auf einen spannenden Gedanken stoße und das Buch für einen Moment zur Seite lege, um diesen Gedanken in mich aufzunehmen.

Es ist ein schönes Gefühl. Ein warmes Gefühl. Ein Gefühl, das sich ein kleines bisschen nach Glück anfühlt – nach stillem Glück. Manchmal macht es sich rar.

Allerdings: An manchen Tagen bin ich mir einfach nicht gut genug. Dann fehlt etwas. Die Löcher der Anerkennung, der Einsamkeit, des nicht-gut-genug sein. Diese Löcher wollen gestopft werden.

Die Sehnsucht nach jemandem, der diese Löcher stopft, ist da. Es sind Tage, an denen ich nicht gut alleine sein kann. Aber das ist okay. Solange es auch diese Tage und Momente gibt, an denen ich mir selbst reiche. Mir selbst gute Gesellschaft bin. Allein und mit Freude etwas unternehmen kann.

Und ja, natürlich am Ende sind wir soziale Wesen. Wir brauchen andere Menschen, um zu überleben. So schön es ist, mit sich selbst gern allein zu sein, so schön ist es, mit anderen etwas zu unternehmen, zu sprechen, sich auszutauschen.

Danielle Laporte[2] hat dafür einen schönen Vergleich gebracht: Stelle dir einen Fluss vor. Es ist ein ziemlich breiter Fluss. Bestimmt 10 Meter breit. Ruhig und kraftvoll fließt er daher. Nicht langsam und nicht besonders schnell. Der Fluss strahlt Ruhe aus, wie er so dahinfließt. Was würdest du tun, wenn du an das andere Ufer wolltest? Würdest du hindurch gehen? Sicher nicht.

Stelle dir nun das gleiche Bild vor. Allerdings liegt das Flussbett nun vollkommen ausgedörrt vor dir. Die Risse in der ausgetrockneten Erde sind mehr als 30 cm tief. Du kannst sehen, dass auch unter der obersten Schicht kein Wasser ist. Was würdest du nun tun, um ans andere Ufer zu kommen? Würdest du durch das ausgedörrte Flussbett gehen? Vermutlich ja.

Du bist dieser Fluss. Ebenso bin ich dieser Fluss. Bin ich ganz bei mir, dann fließt der Fluss ruhig und kraftvoll daher. Meine Gedanken, meine Energie fließen. Von außen stört mich keiner, lenkt mich keiner ab. Selbst wenn jemand kleine Steinchen ins Wasser wirft, die können mir nichts anhaben. Ich bin bei mir. Ich weiß, was für mich wichtig ist. Mein Fühlen, mein Denken – alles ist eins. Alles ist im Fluss. Ich fühle mich richtig.

Ist das Flussbett ausgedörrt, können alle darauf rumtrampeln. Jeder Stein tut mir weh. Ich fühle mich innen leer an. Ich brauche andere Menschen, die mir Gehalt geben. Ich brauche andere Geschichten, die Anerkennung, und die Emotionen anderer, um etwas in mir zu fühlen. Ihr Ärger, ihre Traurigkeit, ihre Hilfsbedürftigkeit, ihre Freude, ihre Dankbarkeit, ihr Leben wird zu meinem Leben. Sie sind wie Wassertropfen für mein ausgedörrtes Flussbett. Niemals werden sie es füllen können. Die Wassertropfen versickern sogleich. Sind diese Menschen nicht mehr für mich da, dann fehlt mir dieses Wasser. Es kommt nichts nach. Ich warte und warte – nichts passiert. Das sind die Momente, in denen wir uns Veränderung wünschen. Wir sehnen uns nach Ablenkung: neues Hobby, neues Auto, toller Urlaub, neue Möbel. Vielleicht sogar neuer Partner, neue Freunde. Wir lechzen nach Wassertropfen. Doch sie werden unser Flussbett nicht füllen. Sie werden dein Flussbett nicht füllen.

Ich mache mir einen grünen Tee. Denke nach, wie ich dir dieses „ganz bei dir sein" am besten beschreiben kann. Lasse für einen Moment die Gedanken fließen.

Vor einigen Jahren entschied ich mich, zu einer Therapeutin zu gehen. Zu der Zeit war mein ältester Sohn im Kindergarten, der zweite noch kein Jahr alt. Mit zwei kleinen Jungs, die mich stündlich, manchmal sekündlich forderten, fühlte ich mich im Alltag oft überfordert. Dennoch war ich froh, für ein paar Stunden als Lehrerin arbeiten zu können. Die Arbeit in der Schule holte mich raus aus diesem gefühlten Moloch. Ich ging nicht wegen des Geldes arbeiten oder weil ich dachte, ich müsste. Ganz ehrlich: Ich nahm Reißaus. Denn ich hielt es nicht aus, nur zu Hause zu sein.

Eine der ersten Fragen der Therapeutin an mich war: „Wann sind Sie ganz bei sich?" Es war eine großartige Frage. Ich musste nachdenken, denn diese Frage hatte ich mir noch nie zuvor gestellt.

Meine Antwort lautete damals: „Auch, wenn es komisch klingt. Ich fühle mich ganz bei mir, wenn ich mit meiner schwarzen Schultasche über den Flur gehe. Von einer Klasse zur nächsten. Wenn ich mich gut vorbereitet fühle und die letzte Stunde gut geklappt hat. Dieses Gefühl, dass ich gute Arbeit leiste!" Heute würde ich hinzufügen: „Wenn ich selbst anerkenne und wertschätze, dass ich gute Arbeit leiste." Danke Frau H. für diese Frage. Seitdem ist diese Situation, auch wenn ich gar nicht mehr in der Schule arbeite, ein Referenzpunkt für mich. So, wie ich mich damals gefühlt habe, als ich über den Flur ging. Zufrieden mit mir. In Freude. Zuversichtlich. Gelassen. Mit guten Gedanken. Beschwingt.

Wann bist du ganz bei dir? In welchen Situationen bist du zuversichtlich, in Freude, hast gute Gedanken, bist zufrieden, gelassen?

Und – nun kommt vermutlich das Wichtigste – nimmst du das bewusst wahr? Oder bist du durch Äußerlichkeiten oder andere Menschen abgelenkt? Wann bist du ganz bei dir? Es ist ein schönes warmes Gefühl. Du brauchst noch ein paar mehr Anregungen, um zu dir zu kommen?

Musik kann dir dabei helfen: Suche dir ein schönes Musikstück aus. Schließe die Augen oder lasse deinen Blick schweifen.

Welche Gedanken ruft die Musik hervor? Was fühlst du? Wie verändert dein Fühlen deine Gedanken? Bist du ganz ruhig oder wirst du mit der Zeit ungeduldig, willst etwas tun? Kannst du den Fluss deiner Gedanken wahrnehmen? Den Fluss deines Atems? Erfreust du dich an der Musik, an deinen Gedanken, an dieser kleinen Auszeit?

Anstatt durch Musik zu dir zu kommen, ganz bei dir zu sein, kann dir auch Meditation helfen oder ein Spaziergang durch die Natur.

Schau, dass du mehr im Innen als im Außen bist. Mehr bei dir als bei dem, was um dich herum ist. Nimm dich selbst wahr, deine Gedanken, deine Gefühle, die Freude an der Situation, die Zufriedenheit.

Lass deine Gedanken fließen, abdriften, treiben. Lass dich überraschen, wohin sie dich führen. Vielleicht klingen vergangene Ereignisse nach oder die Vorfreude auf Zukünftiges klopft an. Sei bereit für das, was da kommen mag. Nimm es wohlwollend und liebevoll an.

Immer wieder: Sei mehr im Jetzt als in der Vergangenheit, die schon vorbei ist. Sei mehr im Jetzt als in einer Zukunft, die du noch nicht kennst.

Höre die Musik – jetzt. Höre die Vögel, den Wind in den Bäumen. Höre die Kinder, die Menschen, die Autos in der Stadt. Höre die Stille. Höre das Rauschen der Welt. Höre das Dahinfließen deiner eigenen Gedanken.

Sei nicht deine Gedanken. Sei nicht deine Gefühle, dein Schmerz, deine Traurigkeit, deine Wut. Sei der Beobachter deines Selbst.

Kennst du das, wenn du ganz nah dran bist an anderen Menschen? Dann hast du das Gefühl, sie gut zu kennen, zu wissen, was sie gleich sagen werden oder wie sie sich fühlen.

Gleichzeitig weißt du, dass es aber auch ganz anders sein kann. Dass sie dich mit ihren Gedanken überraschen können. Du bist nah dran an ihnen: an deinen Kindern, deinem Partner, deinen Eltern, deinen Freunden. Aber du bist nicht sie. Du bist nah dran. Aber du bist nicht die andere Person. Du bist ein Beobachter, jemand, der auf sie reagiert. Du bist jemand, der ihre Gedanken, ihre Gefühle, ihr Tun, ihr Sein reflektiert. Du bist wie ein Beobachter.

Genau so kannst du auch mit dir umgehen. Du bist nicht deine Gedanken, deine Gefühle, dein Tun, du bist der Beobachter. Du kannst Einfluss nehmen auf deine Gedanken und auf deine Gefühle. Du kannst entscheiden, nicht mehr sauer zu sein. Du kannst entscheiden, zu vergeben. Du kannst entscheiden, gut gelaunt zu sein, wenn es an der Tür klingelt und deine liebste Freundin davor steht. Du kannst entscheiden, nicht mehr schlecht über andere zu denken. Du kannst entscheiden, welche Worte du wählst und ob du ein Lächeln in die Welt sendest oder ein Grollen.

Du entscheidest, ob du nachsichtig bist oder nachtragend. Ob du immer wieder über das Geschehene nachdenkst oder nach vorne schaust. Du allein entscheidest, welche Gedanken du zulässt und welche nicht.

In diesem Moment bist du ganz bei dir. Dann ist dein Flussbett gut gefüllt. Deine Gedanken und Gefühle sind im Einklang. Es fließt. Das spürst du. Du fühlst dich wohl mit dir selbst. Dann bist du ganz bei dir. Ein schönes Gefühl. Ein warmes Gefühl.

Erst durch meine Kinder habe ich das allein sein zu schätzen gelernt. Als die Kinder klein waren, war ich geradezu süchtig nach Stille und Abgeschiedenheit. Es schien nie genug zu sein. Ich genoss es unsagbar, am Samstagmorgen alleine einkaufen zu gehen, mich anschließend in ein Café zu setzen, einen Kaffee zu genießen, dazu ein Buch, sanftes Stimmengewirr, ohne dass jemand etwas von mir wollte. Ich einfach nur SEIN durfte. Nun sind meine Kinder größer. Noch immer genieße ich die Zeit mit mir allein. Erst vor wenigen Jahren bin ich das erste Mal allein weggefahren, habe im Hotel übernachtet und ungeplante Zeit genossen, die ich mit niemandem teilen musste. Das hätte ich früher nicht gekonnt.

Viel zu groß war der Glaube, dass ich nur etwas wert bin, wenn andere die Gesellschaft mit mir suchen. Ich sah meinen Wert im Spiegel des anderen. Mit mir alleine zu sein, wäre vergeudete Zeit gewesen. Ich konnte nicht verstehen, wie Menschen ganz allein in den Urlaub fuhren.

Waren sie nicht einsam? Ich befürchtete, wenn ich zu lang mit mir allein sein würde, würde ich mich einsam fühlen. Jemand würde mir fehlen. Die Ergänzung zu mir selbst. Ich dachte, ich bräuchte stets ein Puzzlestück, das mich ergänzt, weil ich selbst nicht genug bin.

Inzwischen ist das anders. Heute bin ich mir selbst genug. Wodurch hat sich das verändert? Ein wichtiger Punkt ist es, sich bewusst zu machen: Was bin ich mir selbst wert?

Der zweite wichtige Punkt ist, den folgenden Glaubenssatz abzulegen: Wenn jemand alleine unterwegs ist, dann hat er keine Freude. Und wenn er keine Freunde hat, ist er entweder nicht besonders umgänglich oder total langweilig. Diesen Glaubenssatz musste auch ich erst mal loslassen.

Tatsächlich ist es so: Wenn wir glauben, wir können allein nichts unternehmen, weil wir uns dann einsam fühlen, dann sollten wir uns die Frage stellen „Warum bin ich mir selbst nicht genug?" Was können mir andere geben, dass ich mir selbst nicht geben oder ermöglichen kann?

Gut, wenn beides möglich ist. Mal verbringen wir Zeit mit anderen, mal allein. Das macht unabhängig und frei.

Wie viel Freiheit bedeutet es, wenn du genau das tun kannst, wonach dir ist und du keine (faulen) Kompromisse eingehen musst? Wie viel zufriedener wird dich das machen? Es wird dir ein Gefühl von Eigenmächtigkeit geben. Anders gesagt: Du wirst zum Leader deiner freien Zeit.

Genauso schön kann es sein, wenn wir uns bewusst für andere entscheiden. Wir entscheiden uns für die eine Freundin, für den Partner oder für den Freund, weil wir genau dessen Nähe suchen.

Viele Menschen verbringen viel Zeit mit irgendwelchen Menschen, nur um nicht allein zu sein. Auf Dauer hinterlässt das einen bitteren Nachgeschmack, denn die Zeit ist nicht wirklich wertvoll genutzt.

Zu groß ist die Anspannung, wenn wir mit Menschen zusammen sind, die nicht so recht auf unserer Wellenlänge liegen. Zu groß die Energie, die es braucht, um das Trugbild aufrecht zu erhalten. So, wie wenn du zwei Magnete aneinanderdrücken willst, die sich eigentlich abstoßen.

Meine Tochter puzzelt hin und wieder gern. Sie ist dann ganz im Spiel versunken. Zwischendurch ruft sie mich, wenn sie nicht weiter weiß. Ich komme nur widerwillig. Ich mag Puzzle nicht.

Es erfordert eine Geduld, von der ich nicht einsehe, warum ich sie in so etwas investieren sollte. Meine Geduld hebe ich mir lieber für andere Dinge auf. Meiner Tochter zuliebe versuche ich, ihr dennoch zu helfen. Ich versuche, einen Überblick über die vielen blauen Puzzlestücke zu gewinnen, die den Himmel darstellen sollen, kann kaum Unterschiede erkennen und orientiere mich nach der äußeren Form.

Auf einmal entdecke ich zwei Teile, die zusammengehören. Die Auswölbung des einen scheint genau zur Innenwölbung des anderen zu passen. Ich schiebe sie ineinander. Es hakt. Sie passen nur fast zusammen. Es scheint weniger als ein Millimeter zu sein, der nicht passt, der sich nicht zurechtrücken, sich nicht zurechtschieben lässt. Ich nehme beide Puzzleteile hoch. Versuche, sie in der Luft zusammenzufügen. Als würde die Luft alles formbarer machen.

Doch ich muss einsehen, dass es nicht geht. Die Puzzlestücke lassen sich zwar zusammenfügen, sind aber ganz leicht verkantet. Aus Erfahrung weiß ich, dass sie nicht verkantet sein dürfen. Sie müssen ganz leicht und luftig aneinander liegen. Dann ist es richtig.

Genauso ist es mit uns Menschen. Wir begegnen jemandem, der genau zu uns zu passen scheint. Zunächst bleiben wir auf Distanz. Es sieht gut aus. Wir nähern uns an. Erzählen persönlichere Dinge, treffen uns häufiger. Mit der Zeit nehmen wir diese kleine Unebenheit wahr. Wir verwenden viel Energie darauf, sie nicht zu bemerken, sie zu überspielen, sie auszugleichen.

Manchmal ist es nur ein Tonfall, eine Reaktion, eine Geste oder bestimmte Wörter, die uns stutzig machen. Manchmal ist es auch noch viel deutlicher. Oftmals ist es gar nicht zu greifen, als wenn es in der Luft läge, die Chemie einfach nicht stimmt. Es ist gefühlt oft weniger als der Millimeter beim Puzzle.

Wir denken, wir sind zu anspruchsvoll, zu genau und gehen Kompromisse ein, doch das komische Gefühl bleibt. Wir überspielen und verdrängen es, drücken es weg und doch ploppt es immer wieder auf. Nach dem Treffen fühlen wir uns nicht erfrischt und voller Energie, sondern ausgelaugt und müde. Wir schieben es auf die Jahreszeit, das Essen und den langen Arbeitstag, der davor lag.

Lieber geben wir uns selbst die Schuld, als uns einzugestehen, dass manche Menschen eben doch nicht zu uns passen. Mit etwas Distanz ist es gut, doch zusammengeschoben wollen die Puzzlestücke einfach nicht zusammenpassen.

Je mehr wir wollen, dass die Puzzlestücke zusammenpassen, desto mehr Druck müssen wir ausüben und die Gefahr besteht, dass eines der Puzzlestücke kaputt geht, ausfranst oder unter dem Druck einknickt.

Who will be the winner?

So wenig wie ein Puzzlestück die Schuld daran trägt, dass es nicht zum anderen passt, so wenig stellt sich auch für uns die Frage nach Schuld. Warum funktioniert die Beziehung nicht? Warum streiten wir immer wieder? Warum verstehe ich mich mit meiner ehemals besten Freundin nicht mehr? Wir verbringen Stunden und manchmal sogar Jahre damit, uns selbst zu erklären, wessen Schuld es ist. Immer und immer wieder suchen wir nach Gründen, warum es ihre/seine oder meine Schuld ist.

Es geht nicht um Schuld. Um Schuld geht es bei der Versicherung. Im Leben jedoch geht es niemals um Schuld. Es ist so, als würde der Baum zum Wind sagen: „Es ist deine Schuld, dass meine Zweige abgeknickt sind. Sieh zu, dass du das wieder hinkriegst!"

Wir Menschen jedoch erwarten, dass es immer jemanden gibt, der die Schuld trägt. Beispielsweise gab es früher für Österreich-Urlauber eine Reise-Regen-Versicherung. Wer sagt eigentlich, dass Urlaub nur bei Sonnenschein möglich ist? Es geht also gar nicht um Schuld.

Manchmal dürfen wir Menschen gehen lassen oder unsere Erwartungen an sie. Die Erwartung, dass die beste Freundin genauso sein muss, um meine beste Freundin sein zu können. Vor allem die Erwartung, dass ich von jedem gemocht werden möchte, ist eine, die vermutlich nicht erfüllbar ist. Lassen wir also zu, dass nicht jeder unsere Verhaltensweisen mag. Das kann sehr erleichternd sein.

Wenn ich mir selbst genug bin und mich mag, dann fällt es mir viel leichter, die vermeintlichen Unzulänglichkeiten der anderen auszuhalten. Sie müssen nicht mehr irgendwelchen Erwartungen entsprechen, damit sie meine Schwächen ausgleichen.

Dann ist jeder Mensch eine Bereicherung für mich. So wie ein neues Land eine Bereicherung sein kann, dass ich neugierig erkunde in dem Wissen, dass ich jederzeit in mein Heimatland zurückkehren kann.

Du bist das Heimatland. Es ist alles vorhanden, was es braucht, um in diesem Land zu leben. Körper, Geist und Seele verbinden sich in Perfektion. Allerdings nur, wenn du den Reichtum deines Körpers, deines Geistes und deiner Seele wahrnimmst und schätzt. Nur dann wirst du wissen, dass alles schon da ist.

Fühlst du dich wohl in deiner Haut? Magst du deine Eigenheiten? Liebst du dich für deine Stärken? Nur wenn du dir deines Selbst bewusst bist und weißt, was du an dir hast, kannst du anderen Menschen mit Offenheit, Vertrauen und ohne große Erwartungen begegnen.

ANNES REISE

Allein mit mir in der Wildnis

Am zweiten Tag bemerke ich, wo ich mir meinen Platz gesucht habe. Direkt neben meiner Plane steht ein alter Kastanienbaum. Er ist auf einer Seite schwer verletzt durch einen Blitz und auf der anderen Seite grün und lebendig. Es ist, als schaue ich in einen Spiegel. Dies ist der erste Morgen draußen in der wilden Natur der Cevennen, nachdem ich am Tag zuvor mühsam mit meinem Gepäck, mit den notwendigsten Utensilien auf den Berg gestiegen bin. Es ist ein altes Ritual, auf das ich mich eingelassen habe, dass sich Visionssuche nennt und insgesamt 12 Tage umfasst mit 4 Tagen und Nächten allein draußen in der Natur. Die Nacht war sehr unruhig, die vielen Wildschweine um mich herum und meine Angst haben mich sehr lange wach gehalten. Jetzt sehe ich in den Spiegel der Kastanie und meine eigenen Verletzungen, meine Blitzeinschläge, die es ja auch reichlich in meinem Leben gab, sind präsent. Daneben spüre ich aber auch eine sehr lebendige Seite, frisch, grün und sich ausdehnend. Ja, ich bin auch mit dem Vorhaben hinausgegangen, mir über einiges klar zu werden, Entscheidungen zu treffen. Genauer gesagt habe ich formuliert: Ich werde mich den Dingen stellen, nicht davonlaufen.

Der Körper folgt dem Geist. In diesem Fall bestimmt die Absicht das Geschehen. Ich bin sehr schwach, mein Radius, in dem ich mich bewege, beträgt etwa 10 m. Etwas, was ich noch nie erlebt habe. Meine Unruhe kann ich also nicht in

Bewegung umsetzen. So sitze ich viel auf einem bestimmten Stein und schaue in die Landschaft mit einer grandiosen Aussicht. Stundenlang. Den ganzen Tag. Die halbe Nacht. Ich sehe die Sonne aufgehen hinter dem Berg, verfolge ihre Bahn, beobachte das Spiel von Licht und Schatten. Die Dämmerung kommt und mit ihr die Nacht und ich schaue in den Sternenhimmel. Entgegen meiner Erwartungen fühle ich mich hier draußen so ganz alleine wunderbar geborgen. Ich bin ein kleiner Knotenpunkt im wunderbaren Netz des Lebens. Ich spüre das Wunderwerk meines Körpers und eine tiefe Liebe zu dem, was mich umgibt und ich mittendrin. Mein Herz ist groß und weit geöffnet. Ich bin zutiefst dankbar für diese wundervolle Erfahrung.

Als ich nach 4 Tagen und Nächten, in denen ich so viel erlebt habe und eigentlich nichts weiter passiert ist, wieder von meinem Berg heruntersteige, bin ich in tiefem Frieden und glücklich. Ich liebe mich und kann mich annehmen mit all meinen Ecken und Kanten. Es wird nie genug Zeit und Raum geben, alles zu erzählen, und manches lässt sich auch nicht mitteilen, weil einfach die Worte dafür fehlen. Aber mein Engagement für diese wunderbare Schöpfung hat seitdem mein Leben geprägt.

Ich liebe es, mit Menschen in die Natur zu gehen und sie zu ermuntern, sich wieder zu verbinden mit dieser unerschöpflichen Quelle. „Ich bin Leben inmitten von Leben, das leben will", sagt Albert Schweitzer, und es ist zutiefst wahr.

Anne Schneider

GIBT ES EINEN RAUM FÜR HASS?

Rückblickend kann ich sagen, dass ich mich eine lange Zeit in meinem Leben nicht mochte. Das betraf nicht nur mein Äußeres, sondern auch wie ich mich meine Fähigkeiten und alles andere empfand. Es entsprach meinem Blickwinkel, dass andere besser waren als ich. Hübscher, attraktiver. Vor allem schlagfertiger. Ich hasste meine Sprachlosigkeit.

Wie oft ärgerte ich mich, dass ich nicht das gesagt hatte, was ich dachte. Manchmal hasste ich mich dafür, dass ich ein Gespräch beendet hatte, ohne zu sagen, was ich wirklich sagen wollte. Wenn ich anderen nach dem Mund redete oder glaubte, ich müsse zuhören, zuhören, zuhören.

Ich hasste mich dafür, wenn ich zu wenig Sport machte, nicht früh genug aufstand, unpünktlich war. Ich hasste mich dafür, wieder mehr Süßigkeiten gegessen zu haben, als gut war. Ich hasste mich dafür, den Mund nicht aufzukriegen, nicht locker zu sein und bei allem nur mittelmäßig gut. Mein Gehirn fand immer neues Futter, um dieses „Ich bin nicht gut genug" fest zu zementieren. Die neuronale Autobahn funktionierte hervorragend.

Ich hasste mich dafür, dass ich mich zwar immer gesünder ernährte, gleichzeitig aber immer mehr Süßigkeiten aß und mich körperlich immer runder und träger fühlte. Es fühlte sich an, als hätte ich schwere Steine im Bauch. Ich vertrug immer weniger.

Ich verlernte, von mir zu erzählen. Meine Gefühle waren unwichtig. Sie waren nur wichtig, wenn ich wirklich wütend war. Dann konnte ich mich äußern. Dann war da dieses innere Fegefeuer. Das konnte allerdings auch schiefgehen. Dann brachen die zu lange aufgestauten Worte aus mir heraus. Ich schleuderte meine Wut und die Worte auf den anderen. Mit dem Ergebnis, das mein Gegenüber verletzt war und zum Gegenangriff ausholte, sodass wir am Ende beide verletzt waren.

Allerdings braucht es manchmal mal das Gefühl der Wut, um die Kraft für Veränderung wieder zu spüren. Um in eine Power zu kommen, von der man nicht wusste, dass es sie gab.

Wut hilft Grenzen zu setzen und mobilisiert ungeahnte Kräfte. Dennoch sollten wir vorsichtig sein, wie wir diese Wut ausagieren. Grenzen setzen, die eigene Meinung aussprechen, ohne verletzend zu sein. Das geht, wenn wir das Gefühl der Wut zulassen und als das wahrnehmen, was es ist: Ein Gefühl. Je früher wir die Wut wahrnehmen und uns erlauben, sie zu fühlen, desto höher ist die Chance, dass wir so reagieren, dass es für andere nicht verletzend ist.

Eines Tages stand ich morgens auf und beschloss nur noch das zu essen, was mir guttat – und wenn es Schokolade zum Frühstück war.

Rückblickend durchbrach ich damit die Selbsthass-Autobahn. Ich weigerte mich einfach, auf dieser Autobahn zu bleiben. Ich hörte auf grüne Smoothies zu trinken, Vollkornbrot in meinen Darm zu quälen oder Obst am Nachmittag zu essen. Das war der Beginn der Erkenntnis. Das war der Beginn, wirklich auf meinen Körper zu hören. Endlich hörte ich auf die Weisheit meines Körpers.

Weg vom Selbsthass hin zu „Ich mache nur noch das, was mir guttut!" Ohne andere zu verletzen oder zu benachteiligen – natürlich. Es war der Beginn eines neuen Weges. Ich stellte mich dem Gegenwind: Den Gesundheitsaposteln, den „du-musst-das-genau-so-machen"-Aposteln und den Ich-passe-mich-an-Aposteln. Ich nahm in Kauf, Gegenwind zu bekommen. Es kam keiner. Es war diese Klarheit, die mich trug.

Hinzu kam eine neue Leichtigkeit - auch körperlich. Ich hatte endlich wieder das Gefühl, der Leader meines Lebens zu sein. Ich begann, der Leichtigkeit zu folgen und machte nur noch, was mir guttat – das war der erste wichtige Schritt auf dem Weg zur mir selbst. Ich begann mich wieder selbst zu mögen und mir zu vertrauen. Im Großen und Ganzen ernähre ich mich immer noch gesund, aber ich folge keinem Trend mehr. Ich folge meiner Körperstimme, die mir meistens klare Botschaften sendet. Das führte dazu, dass ich, ohne es geplant zu haben, einige Kilos verlor.

Hass ist eine Emotion, die voller Leidenschaft ist. Mit anderen Worten, sie ist voller Energie. Da ist eine ordentliche Ladung drauf. Die Frage ist, was steckt hinter dem Hass. Wir können uns selbst hassen, andere Menschen oder Orte, die Erinnerungen wecken. Hass ist eine Steigerung von: „Ich mag nicht…!"

Was führt zu einer so großen Ablehnung, dass daraus eine Hass-Energie entsteht? Hinter dem Hass steckt meist eine tiefe Wunde, genährt aus Wut auf sich selbst. Eine Verletzung, die sich danach sehnt, liebevoll behandelt zu werden: ein großes Bedürfnis nach Anerkennung, nach Harmonie, nach innerem Frieden. Egal, was wir hassen, es liegt nicht am Objekt des Hasses. Wenn du deine Oberschenkel hasst, weil sie zu voll sind, wird sich der Hass ein anderes Ziel suchen, wenn du sie richten lässt. Beziehungen können voller Hass sein, weil die Partner einander nicht das geben können, was sie suchen. Im Grunde spiegelt der andere nur die Wut auf mich selbst. Die Unfähigkeit, mir das zu geben, was ich brauche. Aus Wut wird Verzweiflung, wird Hass. Der andere wird lediglich zum Ziel unseres Hasses. Die Entladung des Hasses und auch die Lösung liegen stets in uns selbst.

Können die Oberschenkel etwas dafür, dass sie gehasst werden? Sicherlich nicht. Sie können auch nichts daran ändern. Auch hier ist der erste Schritt, dass wir uns unserer Gefühle bewusst werden. Der zweite Schritt ist die Frage, warum lehne ich meine Oberschenkel, den Menschen oder den Ort mit so starken Emotionen ab?

Vielleicht, weil der andere uns verletzt hat. Es braucht eine Wunde, die vom anderen berührt wird. Wie ist die Wunde entstanden? Warum ist sie noch da? Warum konnte sie nicht heilen? Was kann ich dazu beitragen, damit sie heilen kann?

Fängst du an, die Antworten bei dir selbst zu suchen und nicht bei deinem Gegenüber, dann wirst du eine Antwort finden, die dich wirklich erleichtert. Eine Antwort, welche die starken Emotionen transformiert und in Heilung bringt.

DAS IST DIE REALITÄT

„… das ist die Realität!", dieser Satz klingt mir immer noch in den Ohren. Wir sprachen über einen Film, der laut Aussage meines Gegenübers, die Realität zeige. Ja, gewiss, es sei kein schöner Film, aber es sei eben die Realität.

Gibt es die Realität? Eine Realität für alle Menschen? Viele Menschen glauben das. Meine Realität ist auch deine Realität, es gibt eine Realität für uns alle.

Kann das sein? Nein, wenn wir uns anschauen, wie unser Gehirn die Wirklichkeit abbildet, dann wird deutlich, dass es nicht sein kann. Über unsere Sinne nehmen wir unser Umfeld wahr. Allerdings sehen nicht alle Augen das Gleiche.

Wenn du durch meinen Garten gehst und Rosen liebst, wirst du meine herrlichen Rosen sehen, die gerade in voller Blüte stehen. Sind Rosen für dich uninteressant, dann werden sie dir vielleicht gar nicht auffallen. Dein Gehirn wird sie herausfiltern. Von der fast unendlichen Vielzahl der Reize, die wir wahrnehmen können, kommt nur ein kleiner Teil in deinem Bewusstsein an. Dadurch wirst du dich später nur an einen kleinen Ausschnitt der Realität in meinem Garten erinnern können.

Meine Realität, die mich umgibt, ist also eine ganz andere als die meiner Nachbarn. Wir leben sehr ländlich, daher ist meine Realität anders als die meiner Freundin, die inmitten in einer Großstadt lebt. Hinzu kommen unsere Gewohnheiten. Menschen, die viele Nachrichten schauen oder darüber lesen, haben eine andere Vorstellung von der Welt, als ich.

Ich bin bekennende „Nicht-Nachrichten-Guckerin". Nicht, weil mich die Nachrichten nicht interessieren, sondern weil die Nachrichten meine Realität in einer negativen Weise prägen, die weder für mein Leben, noch für das der Menschen, um die es in den Nachrichten geht, zuträglich ist.

Es wird immer mindestens ein Land geben, in dem gerade Krieg herrscht. Naturkatastrophen werden uns immer wieder heimsuchen, ob vom Menschen gemacht oder nicht. Diesen Menschen hilft es nicht, wenn ich jedes Mal mitleide und diese Stimmung an mein Umfeld weitergebe.

Wer bestimmt eigentlich, was genau „die Realität" ist? Ist meine Realität in meinem Garten, an meinem Arbeitsplatz oder innerhalb meiner Familie eine minderwertige Form der Realität? Zählt nur die globale weltweite Realität? Viele Menschen sprechen häufig in einem negativen Zusammenhang von „der Realität". Wenn es gerade besonders schrecklich ist, dann scheint es auch besonders real zu sein.

Einmal interviewte ich eine Mutter, die ihren Sohn durch einen Krebstumor verloren hatte. Das war ihre Realität. Sie sagte, dass sie es gar nicht gut ertragen könnte, wenn sie Eltern höre, die ständig über ihre Kinder klagten und jammerten.

Sie hatte das Wertvollste verloren, das sie besaß. Der Gedanke, dass andere Eltern ihre Kinder nicht liebevoll wertschätzen konnten, war ihr unerträglich. Diese Aussage hat mich damals sehr beeindruckt.

Es gibt die Theorie, dass es die Realität, die Wirklichkeit, so wie wir sie wahrnehmen, gar nicht gibt. Hier kommt die Begründung: Die Wirklichkeit findet nur in unserem Kopf statt. Unser Gehirn ist wie eine Filmleinwand, auf welcher der Film unserer Realität abgespielt wird. Und dieser Film ist für jeden anders.

Stelle dir vor, du könntest nicht sehen, nicht hören, nicht fühlen, nicht schmecken. Kurz: Du hättest keine Sinne! Welche Realität würdest du dann wahrnehmen können? In welcher Realität würdest du leben?

Nichts von außen würde zu dir hineindringen, würde dich beeinflussen. Wie wäre dein Leben? Könntest du überhaupt leben? Die Antwort bleibe ich dir leider schuldig, denn Menschen, die keine Sinne mehr haben, können uns schließlich nicht davon erzählen.

Während ich schreibe, kommt unser Hund mit der Leine angelaufen. Er möchte spazieren gehen. Seine Realität, seine Welt ist eine andere als meine. Ich freue mich über die Pause und wir gehen in den Wald. Dort suchen wir unsere Lieblingsbank auf. Der Wald hinter mir und vor mir und ein herrlicher Ausblick ins weite Land.

Auch das ist meine Realität: Die Natur, deren Teil ich in diesem Moment bin. Könnten die Bäume zu mir sprechen, würden sie mir von ihrer Realität erzählen. Bestimmt wäre es eine ganz andere als die, von der die Förster glauben, es sei die Realität der Bäume.

Die Realität des Kindes ist eine andere als die der Mutter. Die des Mannes, anders als die der Frau. Die Realität eines alten Menschen ist anders als die eines jungen Menschen.

Es ist September und die Luft ist noch so warm wie an einem heißen Augusttag. Ich liebe dieses Wetter. Gestern saßen wir an diesem wunderbaren lauen Septemberabend draußen. Hin und wieder kam eine Wespe herangeschwirrt und setze sich auf unsere belegten Brote. Gewiss, da ist Vorsicht geboten. Für mich gehören Hitze und auch Wespen zum Sommer dazu. Seitdem ich weiß, wie wertvoll Wespen für unser Ökosystem sind, schätze ich sie sogar. Für mich sind sie keine Störenfriede, weil ich weiß, dass ich viel mehr Störenfried im Kreislauf der Natur bin als die Wespe.

So, wie wir die Natur und unser Umfeld bewerten, prägt unsere Einschätzung auch die Realität. Wenn ich Hitze und Wespen nicht mag, dann wird meine Realität eine ganz andere sein. Vermutlich würde ich viel mehr Zeit im Haus verbringen und der Sommer ginge an mir vorbei. Vielleicht würde ich später sagen: „Es war gar kein richtiger Sommer!"

Meine Realität ist jedoch eine andere. An jedem Tag, an dem ich draußen in der Sonne sitze, ist für mich Sommer. Deshalb ist es auch gut möglich, dass ich es mir im Januar auf unserer geschützten Terrasse im warmen Mantel gemütlich mache und meinen Kaffee in der Sonne genieße. Dann öffnet sich mein Herz, dann bin ich ganz bei mir.

So, wie ich die Eindrücke um mich herum wahrnehme und bewerte, wie sie auf meiner inneren Leinwand erscheinen, so ist auch meine Realität. Es gibt kein richtig und kein falsch. Ich bin es mir selbst schuldig, mir eine Realität zu erschaffen, die mir guttut. Es ist nicht wichtig, ob du an Gott glaubst, an eine höhere Instanz, an eine höhere Intelligenz oder an nichts von alledcm. Widmen wir uns dennoch einem Gedankenspiel: Stelle dir vor, es gäbe eine Schöpferkraft, die dich auf die Erde geschickt hat. Sie hat deiner Seele einen vollkommenen Körper geschenkt und dich auf eine Erde geschickt, auf der alles da ist. Alles, was du zum Leben und ja auch zum Überleben brauchst, ist vorhanden. Wie undankbar, wenn du nur das sehen würdest, was gerade schlecht läuft. Du hast gut zu essen, ein warmes Dach über dem Kopf, schöne Kleidung, Freunde und genug finanzielle Mittel, um deine Bedürfnisse zu befriedigen. Dennoch behaupten viele Menschen, diese Welt sei ein schrecklicher Ort. Wie dankbar können wir für unseren Körper sein, für das Leben, das wir geschenkt bekommen haben. Für die wunderbare Natur um uns herum, die uns alles bietet, was wir für unser Überleben brauchen. Mit alldem sollten wir achtsam, wertschätzend und angemessen umgehen.

Natürlich gibt es Menschen, denen es nicht gut geht, die leiden, die auf die Hilfe von anderen angewiesen sind. Es ist wichtig, dass wir auch die Realitäten dieser Menschen wahrnehmen und ins Handeln kommen. Das kann eine Geldspende, eine mentale Unterstützung oder auch ein aktiver Hilfseinsatz sein. Anderen Menschen zu helfen, Güte und Mitgefühl zu zeigen – auch das öffnet unser Herz. Es verbindet uns mit ihnen und mit ihrer Realität. Und für eine gewisse Zeit sind wir Teil dieser Realität.

Wenn du menschliche Wahrnehmungen und Überzeugungen
aus der Gleichung entfernst,
wirst du vielleicht sehen,
dass die Welt tatsächlich ein sehr reichhaltiger,
freundlicher und fruchtbarer Ort ist.
Indem du die Welt durch diese Linse wahrnimmst,
bedeutet dies,
dass du bereits Fülle als Seinszustand in dir hast.
Dr. Joe Dispenza[3]

DEINE WAHRHEIT

Und nun wird es spannend. Gibt es eine Wahrheit? Was ist wahr? Wenn wir davon ausgehen,

• dass unsere Ohren lediglich die Schallwellen einfangen und an unser Gehirn weitergeben

• dass unsere Augen das reflektierende Licht aufnehmen und dieses vom Gehirn entschlüsselt wird

• dass unsere Haut die Reize über die Nervenbahnen ans Gehirn weiterleitet, wo diese Reize dann entschlüsselt werden,

dann wird es deutlich: Unsere Realität findet in unserem Gehirn statt. Erinnerst du dich: Das Gehirn ist wie eine Leinwand, die den Film abspielt.

Deshalb finden wir uns in Diskussionen über das Wetter oder die Farbe des Pullovers wieder. Du siehst Türkis, ich sehe Blau. Du findest es kalt, ich finde es warm. Du findest das Essen scharf, ich sage: „Das ist doch nicht scharf." Es gibt also nicht die eine Wahrheit. Wenn du nicht siehst, dass das rote Auto an dir vorbeigefahren ist, dann gibt es in deiner Realität das rote Auto nicht. Daher ist es eben auch völlig normal, wenn Ehepaare sich darüber streiten, wie sie sich kennengelernt haben. Eigentlich ist es sogar eher erstaunlich, wenn beide das gleiche erzählen. Schließlich hatte jeder eine völlig andere Wahrnehmung und eine andere Perspektive. Natürlich gibt es genügend Paare, welche die gleiche Version ihres Kennenlernens erzählen. Das liegt dann aber eher daran, dass sie sich vielleicht unbewusst auf eine Version geeinigt haben.

Daher ist die Frage: Wer hat denn nun recht, meist genauso überflüssig wie ein Kropf. Ich mag den Spruch: „Recht haben und eine gute Beziehung haben, funktioniert nicht!"

Allerdings fällt es auch mir manchmal schwer, von meinem Bedürfnis Recht haben zu wollen, abzuweichen. Das sind die Momente, in denen meine Wahrheit überdimensional groß in meinem Kopf erscheint. Dann geht es um meine Wahrheit oder deine Wahrheit? Recht oder Unrecht? Du oder ich? Schwarz oder weiß?

Die schlechte Nachricht: Es gibt sie nicht, die eine Wahrheit. Die gute Nachricht: Mehrere Wahrheiten sind durchaus möglich. Im Sommer schneit es nicht. Richtig oder falsch? Richtig!

Ich denke, du stimmst mir zu. Kommt nun jemand aus einem anderen Teil der Erde, der würde vielleicht sagen: Bei uns schon. Meine Wahrheit ist also widerlegt. Nun wirst du einwenden: Ja, aber hier in Deutschland stimmt es. Okay!

Schauen wir uns die Wetteraufzeichnungen an. Vermutlich werden wir uns dort bestätigt finden. Was aber ist vor der Wetteraufzeichnung gewesen? Schließlich gibt es die Wetteraufzeichnung erst seit 150 Jahren. Und was, wenn es im nächsten Sommer doch mal schneit? Wer weiß das schon?

Anderes Beispiel: Physikalisch gesehen kann ein Gegenstand nur an einem Ort sein. Ein Stuhl kann nur in der Küche stehen, er kann nicht gleichzeitig im Wohnzimmer und in der Küche stehen. Richtig? Richtig!

Quantenphysikalisch kann man jedoch beweisen, dass ein Elektron durchaus an zwei Orten sein kann. Da wir und auch der Stuhl aus Unmengen von Atomen bestehen, die wiederum aus Elektronen bestehen, ist es durchaus denkbar, dass der Stuhl in der Küche und gleichzeitig im Wohnzimmer stehen kann.

Vielleicht sind wir einfach noch nicht in der Lage, das wahrzunehmen. Vielleicht wissen wir einfach noch nicht, wie das geht!

Halten wir fest: Es gibt also nicht nur eine Wahrheit! Es gibt viele Wahrheiten, so wie es nicht nur die eine Realität gibt. Es gibt so viele Wahrheiten, wie es Menschen gibt. So viele Wahrheiten, wie es Tiere gibt.

Du wirst mir sicher sagen wollen, dass es durchaus Sachen gibt, die einfach unverrückbar sind. Über die sich alle einig sind. Bestimmt gibt es Dinge, Phänomene oder Gegebenheiten, über die sich alle einig sind. Allerdings: Nur weil viele Menschen einer Meinung sind, heißt es nicht, dass es unverrückbar ist.

„Der Mensch muss essen", sagst du? Es gibt Menschen, die ernähren sich allein durch Licht. Aber atmen muss er? Es gibt Yogis, die haben sich stundenlang einsperren lassen: Luftdicht! Du merkst: Vieles, was wir als selbstverständlich und gegeben ansehen, das ist gar nicht so selbstverständlich. Ganz und gar nicht.

Wenn es also so viele unterschiedliche Wahrheiten gibt. Dann gibt es auch deine Wahrheit. Deine ganz persönliche individuelle Wahrheit. Du zuckst mit den Schultern? Du weißt nicht, was deine Wahrheit ist? Stelle dir mal die folgenden Fragen:

Was sind deine Überzeugungen?
Was funktioniert für dich in deinem Leben gut?
Wann empfindest du Leichtigkeit?
Was fällt dir leicht?
Was fällt dir schwer?
Wie ist dein Zeitempfinden?
Wann vergeht deine Zeit langsam, wann schnell?
Welche Nahrungsmittel tun dir gut?
Welches Wetter tut dir gut?
Welches Klima tut dir gut?
In welcher Kleidung fühlst du dich wohl?
Welche Menschen tun dir gut?
Was inspiriert dich?

Welche Bewegungsform tut dir gut?
Schläfst du lieber allein oder mit Partner?
Frühstückst du gerne?
Oder kannst du auf Frühstück verzichten?
Isst du lieber warm oder kalt?

Viel zu oft lassen wir uns von der Wahrheit anderer beeinflussen. Die Stimmen derer, die uns ihre Wahrheit aufdrücken wollen, sind manchmal mächtig laut: Beispielsweise sollen wir mindestens dreimal die Woche Sport machen – mindestens eine Stunde lang. Wer sagt denn, dass jeden Tag 10 Minuten nicht viel besser ist?

Das Frühstück ist die wichtigste Mahlzeit. Ohne Frühstück solltest du nicht aus dem Haus gehen. Tatsächlich? Ich gehe jeden Tag ohne Frühstück aus dem Haus, weil mein Stoffwechsel morgens noch so träge ist. Ein Frühstück gegen 10 oder 11 Uhr bekommt mir viel besser. Weißt du noch, als es hieß: Nicht mehr als 2-3 Eier die Woche. Wegen der Cholesterinwerte. Widerlegt!

Arbeiten im Großraumbüro kann zu psychischen Störungen führen. In einer anderen Studie heißt es: Arbeiten von zu Hause kann zu psychischen Störungen führen. Jedes Argument für sich hat bestimmt seine Berechtigung. Aber ob es für dich oder mich richtig ist – das ist die Frage.[4]

Wie lange war Fett böse? Heute ist es der Zucker. Und morgen? Du merkst, damit kommen wir nicht weiter. Wir dürfen also unsere eigene Wahrheit finden. Und ja, sie darf sich auch verändern. Im Laufe der Woche, im Laufe der Jahre, im Laufe der Zeit. So wie wir uns verändern dürfen, so dürfen sich auch unsere Wahrheit und unsere Überzeugungen verändern. Heute. Morgen. Übermorgen.

Mach' dich auf den Weg. Finde deine eigene Wahrheit. Fang' an, auf deine eigene Stimme zu hören. Wende dich deiner eigenen Stimme liebevoll zu. Höre ihr zu!

NINAS REISE

Das mit der Selbstliebe ist so eine Sache. Ich kann es nur vermuten, aber mir scheint, dass darin für viele Menschen eine große Aufgabe liegt. Die einen haben vielleicht von Kindheit an das Gefühl, sich für alles Entschuldigen zu müssen (im Grunde sogar für die bloße Tatsache, dass sie existieren), und lernen erst mit der Zeit, dass sie eine wunderbare Bereicherung für die Welt sind und sich willkommen und glücklich fühlen dürfen. Andere, die sich ihrer Rolle als Mutter oder Vater nicht gewachsen fühlen oder Probleme mit dem Altern haben.

Manch einer geht sehr selbstsicher durchs Leben, stellt aber irgendwann fest, dass er sich selbst eigentlich nicht bedingungslos, sondern nur gekoppelt an bestimmte Attribute und Leistungen liebt, die er erbringt. Und wieder andere sind es gewöhnt, stets hart mit sich selbst ins Gericht zu gehen und höchstens dann mild und nachsichtig mit sich zu sein, wenn es ihnen – z. B. durch eine Erkrankung – richtig schlecht geht.

Sicherlich mag es Schlüsselerlebnisse geben, die einen Menschen tief in die Selbstliebe führen. Vielleicht erlebt man auf dem Weg zur Selbstliebe – entweder ganz unverhofft, sozusagen „aus heiterem Himmel", oder durch gezielte, bewusste Arbeit mit diesem Thema – irgendwann eine Art Durchbruch, durch den sich eine bleibende Selbstliebe verankert. Dennoch ist es für viele wahrscheinlich eine lebenslange Aufgabe, Selbstliebe zu entwickeln und diese Liebe immer wieder in sich zu finden – und zwar auch dann, wenn man von Zweifeln und Unsicherheiten erschüttert wird und gelegentlich an den Ansprüchen, die man an sich selbst stellt, scheitert. Wenn nun aber Selbstliebe für viele etwas ist, das sie immer wieder neu erwecken müssen oder zu dem sie noch gar nicht wirklich Zugang gefunden haben, obwohl sie sich vielleicht schon lange aufrichtig darum bemühen, wie verhält es sich dann mit der Annahme, dass man andere erst dann lieben kann, wenn man sich selbst liebt?

Ja, bestimmt ist „was dran" an dieser Aussage, sie fühlt sich schon rein intuitiv zu einem gewissen Grad stimmig an. Trotzdem ist Selbstliebe, so würde ich aus meiner Erfahrung sagen, keine absolute Bedingung oder Voraussetzung dafür, überhaupt lieben zu können– andere Menschen, Tiere, die Welt, das Leben. Jedenfalls nicht in dem Sinne, dass eine vollkommene, permanent stabile Selbstliebe erreicht sein muss.

Nicht nur, dass man dadurch die wundervolle Erfahrung macht, wie sich Liebe anfühlt, je mehr man im Leben das findet, was man wirklich liebt und sich dem aus vollem Herzen widmet, desto mehr spürt man auch sich selbst, kommt in Einklang mit dem eigenen Wesen, der eigenen Seele.

Und je mehr man sich so seiner selbst bewusst wird und das lebt und erfüllt, wonach die Seele sich sehnt, desto natürlicher und müheloser ergibt sich auch die Selbstliebe. Was die romantische Liebe betrifft: Wenn man einen Partner hat, der einen bedingungslos liebt und einem somit quasi „vormacht", dass das tatsächlich möglich ist, kann das durchaus eine Unterstützung für die Selbstliebe sein, auch wenn diese selbstredend nicht davon abhängig sein darf, dass jemand anders uns liebt (dann könnte man von Selbstliebe auch gar nicht mehr sprechen, sondern es wäre eher ein bedingtes Selbstwertgefühl). So wäre es wahrscheinlich fatal, sich einzureden, dass man erst dann wirklich lieben kann, wenn man den manchmal schwierigen Pfad der Selbstliebe komplett und mit Bravour gemeistert hat. Es mag sein, dass man sich beim Genießen von Liebe selbst unnötig Steine in den Weg legt, wenn man in der Selbstliebe noch so stark schwankt, dass man sich oft nicht als liebenswert empfindet.

Und es mag sicherlich auch sein, dass jemand, der gar keine Selbstliebe verspürt, nach außen hin so hart und verschlossen ist, dass ihm das Lieben überhaupt schwerfällt. Aber Liebe steht uns im Grunde immer offen, und es ist letztlich egal, wo und bei wem wir damit anfangen. Wenn wir lieben, wahrhaftig und bedingungslos, bringt uns das so sehr mit unserem innersten Sein, unserer tiefsten Schwingung in Kontakt, dass wir ganz von allein wie durch Zauberhand auch bei uns selbst ankommen.

Nina Haisken

EGOISTISCH SEIN

Bin ich, wenn ich auf meine eigene Stimme höre, egoistisch? Fragst du dich das gerade? Der erste Schritt ist, deiner inneren Stimme zuzuhören. Erst im zweiten Schritt entscheidest du, ob du auch danach handelst. Was genau bedeutet eigentlich egoistisch sein? Egoistisch kommt von Ego. Es heißt übersetzt schlicht und einfach: Ich.

In bestimmten Kreisen und auch in religiösen Zusammenhängen galt das Ego als etwas, was es zu überwinden gilt. Aber fangen wir ganz vorne an. Wird ein Mensch geboren, ist er rein und komplett ohne Ego. So ist das kleine Menschlein völlig abhängig von seinen Eltern oder anderen Bezugspersonen.

Aufgrund unseres sich entwickelnden Gehirns sind wir ziemlich lange Nesthocker. Erst mit etwa 21 Jahren ist das Gehirn voll entwickelt. Daher brauchen wir unsere Eltern oder andere Bezugspersonen, die uns in diese Welt und in die Gesellschaft hinein begleiten.

Die absolute Abhängigkeit der ersten ein bis zwei Lebensjahre verändert sich beständig in ein immer selbstständigeres Ich. Spätestens mit etwa 1,5 Jahren erwacht das Ego. Das Kind entdeckt seinen eigenen bewussten Willen.

„Ich will…" nimmt Einzug in das Leben des Kindes, aber auch in das der Eltern. Für beide Seiten nicht immer einfach.

Das Ego ist die Instanz in uns, die uns schützt und verteidigt. So wird das Kind ohne Rücksicht auf Verluste die Bonbons wegschnappen: „Meine!"

Zunehmend ist das Ego auch die Instanz, die Vergleiche und Hierarchien aufstellt.

… ich bin besser als…
… ich bin schlechter als…
… ich bin schöner/hässlicher als…
… meins/ deins
… zuerst ich dann die anderen…
… ich bin schlauer/ klüger als…
… ich muss besser sein als…
… immer die anderen
… die anderen haben es besser
… ich bin die Beste, Klügste, Schönste
… ich bin total sportlich (andere nicht)
… ich bin total unsportlich

Aber auch…

… ich traue mich nicht (in dem Wissen, das andere sich trauen)
… ich bin einfach schüchtern
… ich bin zu doof, um …
… ich bin ängstlich …

Sicherlich fällt dir noch viel mehr ein. Das Ego ist die schützende Instanz, aber auch die trennende Instanz.

Ich – Du
Wir – Die anderen
Ich – die Natur

Ich – die Tiere
Schön – hässlich
Gut – schlecht
Böse – lieb
Klug – dumm

Das nennt man auch Dualität. Im Mutterleib sind wir jedoch in der Einheit. Mutter und Kind sind verbunden – wie Eins. Deshalb streben wir ein Leben lang nach dieser Einheit. Wir suchen sie in der Partnerschaft, bei unseren Kindern oder der besten Freundin.

Doch leider haben auch die ein Ego. Daher kann es mit der Einheit mitunter schwierig werden. Ist das Ego nun gut oder schlecht. Auf jeden Fall ist es Teil deiner Menschlichkeit. Kann es dann schlecht sein? Ich meine: Nein.

Es geht darum, sich unseres Egos bewusst zu werden und dann damit ebenso bewusst wie liebevoll umzugehen. Anita Moorjani[5] hat das Ego mit einem Regler verglichen. Wenn wir das Ego einerseits als schützende Instanz sehen und andererseits als trennende Instanz, dann funktioniert der Regler so: Zu weit nach links gedreht, nimmst du dich ständig zurück, lässt dich übervorteilen, nimmst dich selbst gar nicht wichtig. Deine Bedürfnisse stellst du viel zu oft hinten an. Du bist sehr hilfsbereit und gehst oft über deine Grenzen, um andere zu unterstützen.

Ist der Regler zu weit nach rechts gestellt, ist es dir wichtig, immer vorne zu sein. Du versuchst besser, schneller als andere zu sein und siehst meist alle anderen als Konkurrenten. Es fällt dir schwer, andere Meinungen gelten zu lassen. Bei solch einem Typ Mensch sagt man häufig: „Der hat ein zu großes Ego!"

Und wie kriegst du nun hin, dass sich der Regler in der Mitte einpendelt? Das Beispiel mit den Sauerstoffmasken im Flugzeug macht es so schön deutlich. Es nützt niemandem, wenn du dich zuerst um alle anderen kümmerst. Du wirst sicherlich keine Anerkennung dafür bekommen, wenn du selbst erstickst. Kümmere dich also zuerst um dich selbst. Sorge für dich und dann für die anderen. Das werden deine Lieben zu schätzen wissen.

Egoistisch bist du dagegen, wenn du dich nur um dich kümmerst. Dich immer an erste Stelle stellst. So sinnvoll es ist, sich zuerst die Sauerstoffmaske aufzusetzen, so sinnvoll ist es ebenso, sich immer mal wieder zu fragen:

Handle ich so, um mich selbst zu schützen?
Handle ich so, um andere schlecht zu machen?
Handle ich so, damit ich einen Vorteil habe?

Sorge für dich. Liebevoll. Wertschätzend. Nimm dich selbst ernst. Mit dieser Haltung nimmst du deine Mitmenschen mit ins Boot.

Stelle dir vor, wir sind Teil eines großen Organismus. Dieser Organismus kann nur funktionieren, wenn jedes Element für sich genommen funktioniert. Er ist dann am stärksten, wenn diese gut funktionierenden kleinen Organismen gut zusammen harmonieren: Unterstützend. Mitfühlend. Kooperierend.

Ich gebe zu, die Sache mit dem Ego ist nicht einfach. Ist das Prinzip Ego einmal verstanden, heißt das nicht, dass die Umsetzung leicht ist. Unser inneres Kind oder unser innerer Trotzkopf versucht sich doch immer wieder durchzusetzen. Ich erwische mich selbst auch oftmals dabei, wie ich über „Konkurrenten" urteile, nicht besonders wertschätzende Gedanken habe oder andere Menschen und ihre Handlungsweisen verurteile.

Immerhin bin ich jetzt so weit, dass es mir meist schnell bewusst wird: Gedacht – gemerkt! So mache ich mir klar, dass es gar keine Konkurrenten sind, sondern Mitstreiter und dass ich die Handlungsweisen anderer erst verstehen kann, wenn ich ihre Hintergründe kenne. Manchmal muss ich die Handlungsweisen der anderen auch gar nicht verstehen, sondern nur annehmen und akzeptieren.

Je mehr ich anderen wertfrei begegnen kann, desto freier werde ich mich fühlen.

Muss ich deswegen auch zu allem eine Meinung haben? Nein! Ich muss nicht das eine gut finden und anderes schlecht. Anstatt zu bewerten, kann ich die Menschen und ihre Handlungen „sein" lassen. Ich kann sie so lassen, wie sie sind. Die Begrenzungen, die ich anderen aufdrücke:

„Das macht man nicht so!"
„Das geht doch nicht!"
„Unmöglich!"
„Wofür gibt es Regeln?"
„Wenn das jeder so machen würde…"

All diese Begrenzungen drücke ich nicht nur den anderen auf, sondern auch mir selbst. Beobachte dich mal, wie du mit dir selbst sprichst.

Achte mal einen ganzen Tag darauf, wie du mit dir sprichst. Welche Gedanken flüsterst du dir zu? Welche Gedanken denkst du immer wieder? Du wirst erstaunt sein. Werde dir bewusst über deine eigene Sprache. Sprich liebevoll mit dir selbst. Lobe dich. Beruhige dich. Tröste dich! Erfreue dich an deinen eigenen Gedanken.

VERENAS REISE

Ich versuche so, mit mir umzugehen, als wäre ich meine beste Freundin. Manchmal treffe ich eine Verabredung mit mir selbst. Dann trage ich den Termin im Kalender ein. Wenn dann wieder etwas dazwischenkommt und ich „meinen" Termin verschieben will, frage ich mich: Würde ich meine beste Freundin auch so behandeln? Ich bin meine beste Freundin, weil ich es mir wert bin.

Verena J., zwei Kinder, Diplom-Finanzwirtin

DU BIST EINZIGARTIG

Mein Lieblingsplatz zum Schreiben ist an unserem Tisch in der Küche. Blicke ich vom Laptop auf, schweift mein Blick in die Ferne. Über wenige Häuser, viele Felder, Bäume, Kirchturmspitzen. In der Ferne Hügel, Windräder und der Himmel, der sich anschließt.

Diese Weite weitet meine Gedanken und wird genährt durch die Landschaft, das Wetter, die Tatsache, dass wir auf dem Berg wohnen und auch durch mich.

Ohne mich gäbe es den Blick, so wie ich ihn wahrnehme, nicht. Jemand anderes nimmt ihn vielleicht ganz anders wahr. Manche Besucher scheinen ihn auch gar nicht wahrzunehmen. „Tolle Aussicht!", sagen andere. Die Einzigartigkeit des Ausblicks nährt sich für mich aus den verschiedenen Tageszeiten: dem Sonnenaufgang, Sonnenuntergang, der nicht vorhandenen Sonne. Aus dem Regen, dem Wind und manchmal auch dem Schnee. Ohne mich gäbe es den Blick für mich nicht.

Es braucht mich als Beobachter, damit der Blick genauso ist, wie ich ihn wahrnehme. Das ist meine Filmleinwand. Das ist Quantenphysik. Etwas wird erst dann zur Realität, wenn es einen Beobachter gibt. Diese Realität gibt es ohne Beobachter nicht.

Denk mal: Wenn kein Mensch diese Aussicht genießen könnte, gäbe es dann diese Aussicht? Fest steht: Wir wissen es nicht. Können es nicht wissen. Jedoch: Die Quantenphysik ist die Physik, die am besten bewiesen ist. Fest steht auch: Ein anderer Beobachter nimmt diese Aussicht anders wahr. Sieht etwas anderes. Bewertet die Aussicht anders. Das macht sie einzigartig. Und so wird auch jeder Leser, jede Leserin dieses Buches etwas anderes daraus mitnehmen.

Mit uns Menschen ist es nicht anders. Sind wir einzigartig? Auch das hängt vom Beobachter ab. Es liegt im Auge des Betrachters. Für dein Kind bist du einzigartig. Für deine Eltern bist du einzigartig. Für deinen Partner vielleicht auch. Für deinen Arbeitgeber? Vielleicht.

Jeder ist ersetzbar? Tatsächlich? Auch das hängt vom Beobachter ab. Kann die Arbeit von Marie, die im Büro die Abrechnung macht, ersetzt werden? Sicherlich. Ist sie ersetzbar? Für denjenigen, der ihre ausgleichende, einfühlsame Art schätzt, nicht.

Ist Jonas, der bei einem Meeting alles gut auf den Punkt bringen kann, ersetzbar. Seine Arbeit vermutlich aber seine Persönlichkeit nicht.

Also: Du. Bist. Einzigartig.

Daran gibt es nichts zu rütteln.

Irgendwo gibt es jemanden, für den bist du einzigartig. Auch, wenn du dich gerade ganz einsam und ungeliebt fühlst. Es gibt jemanden, der wartet gerade auf dich. Er oder sie weiß es vielleicht nur noch nicht. In dem Moment, in dem du in das Leben eines anderen Menschen trittst, wirst du zu seiner Realität. Auch wenn es dich vorher in seinem Leben noch nicht gab. Erst durch die Wahrnehmung durch die Beobachtung wirst du zur Realität eines anderen. Und genau durch diese Wahrnehmung bist du einzigartig.

Was macht dich für dein Kind einzigartig?
Für deine Eltern?
Für deinen Partner?
Für deine Freundin?
Für deinen Freund?

Was macht dich einzigartig?

Erlaube dir, über deine Einzigartigkeit nachzudenken. Sei so gut zu dir. Gestehe dir deine Einzigartigkeit ein. Auch das ist Selbstliebe.

Ich habe viele Jahre damit verbracht, nicht einzigartig zu sein. Genau das wollte ich nicht sein. Ich wollte wie alle anderen sein. Wollte im Strom mitschwimmen. Habe mich angepasst. Untergeordnet. Habe meine Einzigartigkeit versteckt, kaschiert und mich gar nicht einzigartig gefühlt. Warum auch?

Ich dachte, Einzigartigkeit setzt Talent voraus. Talente hatte ich nicht, in allem war ich mittelmäßig. Glaubte ich. Ich wollte auch nicht anders sein. Ich war auch so schon anders genug.

Wenn wir auf die Welt kommen, sind wir einzigartig. Zumindest für unsere Eltern. Bei den meisten ist das so. Nicht bei allen, nein. Staunend betrachteten unsere Eltern uns. Waren stolz, weil wir so besonders waren. In ihrer Wahrnehmung waren wir das. Mit der Zeit weicht die Einzigartigkeit dem Wunsch, das Kind möge sich genauso entwickeln wie alle anderen. Der Maßstab ist nicht mehr das eigene Kind, sondern der Durchschnitt. Zahlen, die in einem Ausweis stehen. Vergleiche mit anderen Kindern.

Wir sind soziale Wesen, wir wollen nicht ständig einzigartig, anders besonders sein. Wir wollen nicht 2,50 m groß sein, während andere unter zwei Meter sind. Das ist in Ordnung so. Wir wollen wie ein Puzzlestück zum restlichen Puzzle passen. Wir wollen nicht das Puzzlestück sein, das nirgendwo reinpasst. Und doch: Auch wenn unsere Form passt, so kann das Bild auf unserem Puzzlestück einzigartig sein. Und es ist einzigartig. Weil: Du bist genau das Teil, was in dem großen Puzzle noch gefehlt hat. Du bist das fehlende Teilstück im großen Organismus. Würde man dich vermissen, wenn es dich nicht gäbe? Ja, deine Besonderheit, deine Einzigartigkeit. Die würde fehlen. Definitiv.

DEINE ANGST

Ich sitze draußen. Warm eingemummelt. Die Sonne strahlt vom blitzblauen Himmel. Das Bild täuscht. Der Ostwind ist eisig und ich werde nicht lange hier sitzen können. So gut es geht genieße ich noch meinen wärmenden Milchkaffee. Auch dieses Bild täuscht.

Jemand, der am Garten vorbeikommt, sieht eine Frau eingemummelt auf einer Gartenliege, das Gesicht der Sonne entgegenstreckend, die einen Milchkaffee genießt und denkt vielleicht: „So gut möchte ich es auch haben. So viel Zeit und Müßiggang".

Aber das Bild täuscht. In mir lodert die Angst. Wie wird es weitergehen mit diesem Virus, der uns alle von hinten überrascht hat. Wieder einmal Angst. Die Angst und ich begegnen uns in allernächster Nähe. Ich mag sie nicht, aber ich akzeptiere sie inzwischen.

Akzeptiere, dass sie immer mal wieder vorbeischaut. Ich weiß auch, dass sie wieder geht. Manchmal muss ich geduldig sein und meiner Angst gut zureden. Hinter der Angst warten schon die Freude, der Genuss, die Begeisterung und vor allem die Zuversicht. Aber nur, wenn die Angst nicht weggedrückt wird, denn sonst schiebt sie sich immer wieder dazwischen.

Früher hatte ich keine Angst. Dachte ich zumindest. Angst war nicht mein Thema. Heute weiß ich, dass ich vor dem Gefühl einfach weglief. Ich veränderte die Situation so, dass ich keine Angst mehr haben brauchte.

Niemals wäre ich in einen Kletterpark oder Ähnliches gefahren. Dort wäre ich nämlich meiner Angst begegnet. Eine Zeit lang hatte ich große Furcht vor Wildschweinen. Ich fürchtete mich davor, ihnen im Wald zu begegnen. Was tat ich? Ich ging einfach nicht mehr in den Wald – jahrelang. Ich lief weg vor meinen Ängsten machte mich klein, unsichtbar, versteckte mich und redete mir ein, dass ich keine Angst hätte.

Mein Unterbewusstsein war kreativ. Es benannte Ängste einfach anders:
„Das macht mir Sorgen…"
„Es ist ärgerlich, dass ich nicht mehr in den Wald kann wegen der Wildschweine!"
„Der ist auch wirklich unmöglich!" oder
„Das sind schlimme Zustände."
Ich sagte nicht: „Ich habe Angst um meine Kinder."
„Ich habe Angst, in den Wald zu gehen."
„Ich habe Angst vor XY"

Ich steckte die Angst einfach in eine Verkleidung. So brauchte ich mich nicht mit ihr zu beschäftigen und konnte sie nach Belieben wegdrücken.

Erst jetzt bin ich in der Lage zu sagen: „Ich habe Angst!" Und ja, es gibt viele Dinge, vor denen ich Angst habe.

Angst, dass meine Selbstständigkeit nicht so funktioniert, wie ich mir das vorstelle und sie mich nicht finanziell trägt. Angst davor, dieses Buch über die Selbstliebe nicht nur zu schreiben, sondern auch zu veröffentlichen. Angst davor, mit den Steuern alles richtig zu machen. Angst, den falschen Weg einzuschlagen. Angst, unvernünftig zu sein. Angst, meine Träume zu verraten. Angst, den Weg, den ich eingeschlagen habe, zu bereuen. Angst, mich meinen Ängsten zu stellen. Angst, mich zu offenbaren.

Und weißt du was? Es ist eine große Erleichterung, Angst haben zu dürfen und sagen zu können: „Ich habe Angst."

Es ist weitaus anstrengender, das Gefühl wegzudrücken und nach immer neuen Wegen zu suchen, ihm auszuweichen.

Wenn ich der Angst erlaube, sich zu zeigen, dann kann ich mit ihr sprechen, kann sie beruhigen.

„Angst, ich kann nun akzeptieren, dass du da bist, es dich gibt. Jeder Mensch hat Ängste. Da bin ich keine Ausnahme. Ja, Angst, ich lade dich ein, zeige dich ruhig. Dann kann ich wenigstens mit dir sprechen. Dann können wir gemeinsam überlegen, wie wir miteinander umgehen."

Wenn ich der Angst erlaube, da zu sein, dann kann ich mit ihr umgehen. Wenn ich ihr vor dem Scheitern erlaube hervorzukommen, dann kann ich ihr sagen, dass es nicht schlimm ist, zu scheitern. Ich kann ihr sagen, wenn ich wirklich scheitere und keiner dieses Buch kauft, dann werde ich trotzdem etwas daraus gelernt haben. Es gibt genügend Schriftsteller, die viele Bücher geschrieben haben, bevor das erste publiziert wurde. Autoren, die 10 Bücher veröffentlicht haben, bevor das 11. dann ein großer Erfolg wurde.

Fragst du dich gerade, wie das geht? Wie kann ich der Angst erlauben, sich zu zeigen? Indem ich sie fühle. Ich drücke sie nicht weg durch Ablenkung. Ich fühle sie. Eines Tages begegnete ich tatsächlich Wildschwein-Frischlingen im Wald. Die

Wildschweinmama war zwar nicht zu sehen, dennoch hatte ich große Angst davor, ihr plötzlich gegenüberzustehen. Also lief ich laut stampfend und singend durch den Wald, denn ich konnte sie riechen und ihr Schnaufen im Gebüsch hören. Ich war schweißüberströmt und plötzlich war da eine Stimme in mir, die sagte: „Du schaffst das. Geh' weiter. Schritt für Schritt!"

Das Worst-Case-Szenario ist nicht eingetroffen. Es kam keine Wildschweinmutter. Trotzdem bin ich nach diesem Erlebnis erneut monatelang nicht mehr in den Wald gegangen. Allerdings wusste ich seitdem, dass ich mich eines Tages meiner Angst stellen würde.

Vier Monate später war es dann soweit. Ich nahm wieder den gleichen Weg und mit jedem Schritt fühlte ich, wie meine Angst immer mehr zunahm und als sie ganz nah war, sagte ich zu ihr: „Es wird alles gut werden. Wir gehen jetzt diesen Weg!" Ich nahm die Angst wahr, nahm sie an. Sie durfte sein und gleichzeitig sprach ich in Gedanken beruhigend auf mich ein. Da ich den Wildschweinen nicht mehr begegnete, wurde meine Angst immer kleiner. Inzwischen gehe ich wieder ohne Angst durch den Wald.

Wir brauchen unsere Angst. Natürlich. Sie alarmiert uns, wenn wir Rauch in der Küche riechen. Sie macht sich bemerkbar, wenn wir unpassende Geräusche hören und lässt uns in Bruchteilen von Sekunden reagieren. Viel, viel schneller als unser bewusstes Denken. Wir reagieren unbewusst und wir reagieren wahnsinnig schnell. Das ist gut so. Es sichert unser Überleben. Unser Körper-Geist-System merkt sich das. Damit es beim nächsten Mal noch schneller reagieren kann. Bei den allerersten Anzeichen macht sich das System bereit zur Flucht oder zum Angriff.

Das führt leider auch dazu, dass wir auf Signale reagieren, die eigentlich gar nicht bedrohlich sind. Jemand, der erlebt hat, wie ein Blitz eingeschlagen hat, wird möglicherweise auf jedes Gewitter, auf jeden Donnerschlag oder gar auf jedes laute Geräusch mit Angst reagieren.

Je mehr wir in der Stressreaktion sind, desto sensibler wird dieser Angstmechanismus. Jemand, der also jahrelang keine Angst verspürt hat, kann in einer belastenden Lebensphase plötzlich in eine Angstspirale rutschen.

Das ist so, als wenn man in einem Raum leben würde, in dem immer Licht brennt. Irgendwann vergisst man, wie es ist, wenn es dunkel ist. Geht das Licht mal kurz aus, ist es nicht weiter schlimm. Wir gehen davon aus, dass das Licht gleich wieder angeht.

Wenn das Licht dann mal lange, lange Zeit ausgeht und alles stockdunkel ist, dann kriecht die Angst hoch. Möglicherweise entsteht Panik. Brennt das Licht irgendwann wieder, ist die Angst beim kleinsten Flackern zack, wieder da.

Vor einigen Wochen bin ich nachts aufgewacht. Ich suchte den Lichtschalter, fand ihn nicht. Verlor die Orientierung. Tastete mich an der Wand entlang, Panik stieg auf. Nach einer gefühlten Ewigkeit fand ich die Zimmertür. Noch Tage später ergriff mich für einen kurzen Augenblick die Panik, wenn ich im Dunkeln aufwachte.

Ich weiß jetzt, dass die Angst kommt und geht. Manchmal kommt sie, wenn ich gar nicht mit ihr rechne. Hin und wieder taucht sie bei den altbekannten Themen auf. Meine Aufgabe ist es dann, die Angst zu beruhigen, mich nicht von ihr überrollen zu lassen. „Komm her, ich fühle dich. Es ist okay, wenn du ein bisschen da bist." Dann überlegen wir gemeinsam, wie wir am besten mit dem Thema umgehen können!

Stelle dir vor, die Angst wäre wie ein laut heulendes Kind. Du kennst das bestimmt, dieses Heulen, dass sich fast wie ein Schreien anhört. Was machst du? Hältst du dir die Ohren zu? Schlägst du die Tür hinter dir zu? Gehst du aus dem Haus? Wenn es dein Kind ist, dann solltest du nicht davor weglaufen. Genauso ist es mit der Angst.

Also, was tust du? Fängst du auch an zu heulen und zu schreien, weil es so schrecklich ist? Weil dir die Ohren schon wehtun, weil du dieses Geschrei einfach nicht aushältst? Damit würdest du weder deinem Kind noch dir einen Gefallen tun. Genauso ist es mit der Angst. Es bringt wenig, wenn du dich mit der Angst auf die gleiche Ebene begibst.

Was tust du also? Beruhigst du das Kind, sprichst besänftigend auf es ein oder schaust es aufmunternd an? Vielleicht nimmst du es auch an die Hand oder in den Arm. Hat sich das Kind beruhigt, sprichst du vielleicht noch mal über den Vorfall. Sicher wirst Du dem Kind Tipps geben, was es anders machen kann, damit es nicht wieder passiert. Eventuell sagst du auch: „Das passiert schon mal. Ist nicht weiter schlimm."

Oftmals wirst du wissen, dass die Ursache für das Heulen und Schreien nicht so dramatisch war. Dann beruhigst du das Kind und lenkst es ab. Vielleicht lässt du es auch seinen Unmut herausschreien und wartest geduldig ab.

Im Umgang mit Kindern bist du der Erfahrene, blitzschnell ordnest du die Lage ein und versuchst, nach bestem Gewissen zu reagieren. Oft wirst du den passenden Weg finden. Manchmal braucht es zwei, drei Versuche, bis sich das Kind beruhigt.

So ist es auch mit der Angst. Du lässt die Angst zu, indem du sie fühlst. Erst wenn du sie gefühlt und akzeptiert hast, wird sie auf deine beruhigenden Worte hin kleiner werden und ganz verschwinden. Bis zum nächsten Mal.

Angst gehört zum Leben. Mir meine Angst selbst einzugestehen, war einer meiner wichtigsten Schritte auf dem Weg zur Selbstliebe. Denn ich kann mich nur selbst lieben, wenn ich mich akzeptiere, wie ich bin. Dazu gehört eben auch die Angst. Sie ist genauso ein Teil von mir, wie die Freude. Ebenso wie die Liebe. die Wut und die Trauer.

VERLETZBAR

War ich verletzbar? Ja! Gab ich es vor mir selbst zu? Nein! Ich gab mir viel Mühe, meine Verletzbarkeit zu ignorieren und noch mehr sie nicht zu zeigen. Bloß nicht zeigen, dass ich verletzt bin. Besser ist es, sich stark zu geben. Aber je mehr ich mich bemühte nicht verletzt zu sein, desto tiefer wurden die Wunden in meinem Innersten. Damit es nicht auffiel, schüttete ich die „ach das macht mir nicht wirklich was" oder die „da muss man drüberstehen" Zutat darüber. Am Ende lief ich mit einem unsagbaren Schmerz in der Brust und einem aufgesetzten Lächeln herum.

Ich will ehrlich sein, ich kann meine Verletztheit immer noch nicht gut zeigen. Ich empfinde es immer noch als Schwäche, verletzt zu sein. Ich will lieber stark sein. Wenn ich mich verletzt fühle, versuche ich gleichzeitig stark zu sein. Merke ich, dass andere verletzt sind, dann kann ich damit viel besser umgehen. Nicht immer sofort, vor allem, wenn ich der Auslöser bin, aber ich kann eingestehen, dass ich das nicht wollte – andere verletzen. Viel zu oft jedoch gestehe ich mir selbst nicht ein, verletzt zu sein.

In dem Entwicklungsprozess hilft es mir, auf meinen Körper zu hören. Den Schmerz zu spüren. Überhaupt erst mal wahrzunehmen: Ja, da ist ein Schmerz. Mein Körper signalisiert mir dann: „Hey, du bist verletzt. Spiel jetzt bloß nicht die Starke!" Inzwischen höre ich immer öfter auf meinen Körper. Ich höre ihm zu und sage dann: „Ja, jetzt spüre ich es auch. Ich bin verletzt. Warum bin ich verletzt? Wer hat mich verletzt? Und was genau ist es, was mich so verletzt hat?" Diesen Fragen gehe ich dann nach.

Und weißt du, was dir zeigt, dass du die Antwort gefunden hast? Denn die Antwort liegt immer bei dir selbst. Nie beim anderen. Wenn du die Antwort gefunden hast, dann spürst du eine Erleichterung. Es ist, als ob sich eine schwere Decke von der Brust hebt. So ein Aha-Moment in dem du fühlst und weißt: „Jaaa, genau das ist der Punkt."

Es klingt abstrakt, aber du musst bei dir selbst suchen. Bei einem anderen wirst du dieses Gefühl nicht finden.

Ein Beispiel: Mein Sohn war noch im Kindergartenalter und hatte einen Freund, dessen Mutter sehr fürsorglich war. Sie tat alles für ihre drei Kinder. War mein Sohn bei seinem Freund, bastelte sie mit den Kindern, spielte Spiele und war immer für sie da. Es gab leckere gesunde Sachen zu essen und die Stimmung war stets gut.

War der besagte Freund bei uns, dann beschäftigten die Kinder sich allein. Ich nutzte die Zeit am Schreibtisch, machte mich rar und war der Meinung, dass ich nicht die Bespaßerin sein musste.

Manchmal sah ich die beiden über Stunden nicht, lediglich als der Freund gebracht und wieder abgeholt wurde. Die Mutter des Freundes war mit ihrer Hilfe wirklich stets zur Stelle, auch wenn ich mal länger arbeiten musste. Da ich gerne etwas zurückgeben wollte, bot ich ihr im Zuge eines anstehenden Kindergartenfestes an, die Kinder zu fahren und wieder abzuholen. Sie lehnte ab mit der Begründung, sie wolle dann sowieso Einkaufen fahren.

Mit dieser Reaktion hatte ich nicht gerechnet und war von einer Sekunde auf die andere total sauer mit dem Ergebnis, dass meine Kinder meine schlechte Laune zu spüren bekamen. Mir wurde jedoch ziemlich schnell bewusst, dass ich meine Wut an den Falschen ausließ. Soweit war ich immerhin schon, dass ich wenigstens das bemerkte. Zeiten davor hätte ich die Kinder mit ihrem Gemecker über das Essen oder ihrer Langsamkeit als Grund für meinen Unmut verantwortlich gemacht.

Zu der Zeit verstand ich selbst nicht, warum ich so aufgebracht war. Schließlich war es legitim, dass die Mutter des Freundes zum Einkaufen fahren wollte. Aber irgendwie glaubte ich ihr nicht. Ich hatte den Eindruck, sie wolle ihr Kind selbst beim Kindergarten abgeben. Ich verstand nicht, warum sie mich das nicht machen ließ. Ich stellte mir selbst die Frage: „Warum bin ich so sauer? Warum macht mich das so wütend?" Ich versuchte, keine Antwort zu finden, sondern wartete, dass sie mir in den Sinn kam.

„Sie hat dir nicht angeboten, dein Kind mitzunehmen. Jetzt müssen beide fahren", sagte meine innere Stimme. Aber ich spürte, das war noch nicht der Punkt. Ich war immer noch total sauer auf sie und auf mich. Und weil ich nicht aufhören konnte, sauer zu sein, fragte ich weiter: „Warum macht es mich so ärgerlich, wenn wir beide fahren müssen?"

Irgendwann kam die Antwort. Ich war zutiefst verletzt. Mein Glaubenssatz, keine gute Mutter zu sein, war getriggert worden. Nicht gut genug zu sein, nicht fürsorglich genug zu sein. Ihre „Über-Mutter-Mentalität" machte mir permanent ein schlechtes Gewissen. Ich hatte es nur noch nicht gemerkt. Nun wollte ich auch mal die gute, fürsorgliche Mutter sein und bot den Fahrdienst an. Doch ich wurde abgelehnt. Mein

„Ich bin auch eine gute Mutter" Versuch war misslungen. Es war, als wäre mir durch diese Abfuhr bestätigt worden: Versuch misslungen – du bist und bleibst eine schlechte Mutter.

Als ich das für mich klar hatte, spürte ich sofort Erleichterung. Deshalb hatte mich dieser banale Akt so derartig getroffen. Einerseits wollte und brauchte ich meine Freiheiten, andererseits wollte ich tief in mir drin, auch die bewundernswerte, fürsorgliche und umsorgende Mutter sein. Ich machte mir klar, dass ich so eben nicht war und es eigentlich auch gar nicht sein wollte. Dafür hatte ich andere Qualitäten und meine Kinder würden selbstständiger und freier aufwachsen.

Es ging also gar nicht um das, was sie gesagt hatte, sondern es ging um den Widerspruch, der in mir steckte. Ich entschied mich bewusst für die „Ich bin eben keine Über-Mutter" Variante. Damit war ich wieder in Frieden mit mir und konnte mein verletzt sein besser verstehen und damit umgehen.

Natürlich gibt es auch Situationen, in denen andere sich verletzend verhalten. Termine oder Zusagen nicht einhalten oder etwas sagen, was auch von außen betrachtet verletzend klingt.

Dennoch: Was den einen verletzt, verletzt den anderen noch lange nicht. Warum das so ist, die Antwort, finden wir immer nur in uns selbst. Nur, wenn da schon eine Wunde ist, können die Worte oder die Verhaltensweisen anderer uns verletzen.

Unser Verstand findet schnell eine Erklärung: „Es ist total unhöflich, wenn sie unseren Termin immer wieder verschiebt. Sie ist sehr unzuverlässig!"

Oder: „Er will immer recht haben. Nie kann er meine Meinung so stehen lassen!"

Oder: „Jetzt kommt sie schon wieder zu spät. Denkt sie, dass sie das mit mir machen kann?"

Was dann passiert, ist, dass wir unsere verletzten Gefühle auf die andere Person projizieren. Wir geben ihr oder ihm die Schuld dafür, dass wir uns unwohl fühlen oder uns aufregen „müssen".

Wenn ich mir aber die Frage stelle: „Warum regt mich das so auf. Warum verletzt mich das?" Dann ist die Chance hoch, dass ich die Antwort in mir finde: „Ja, es ist unhöflich, einen Termin immer wieder zu verschieben. Aber warum habe ich es ihr möglich gemacht, das zu tun? Weil ich Angst davor habe, ihr zu sagen, dass ich dann eben keinen neuen Termin machen werde. Ich habe Angst davor, dass sie mich dann nicht mehr mag. Ich habe Angst vor meiner eigenen Klarheit, vor der Konsequenz. Aber will ich mit jemandem befreundet sein, dem ich so wenig wert bin? Sollte ich nicht besser zu mir selbst stehen, als zu ihr?"

Oder: „Warum verletzt es mich so, dass er immer recht haben will und meine Meinung nicht stehen lassen kann?

Kann ich meine Meinung stehen lassen? Warum reicht es mir nicht, dass ich für mich denke, dass ich richtig liege? Liegt es daran, dass meine Meinung für mich erst dann richtig ist, wenn der andere sie bestätigt?

Wenn er sagt: ‚Ja, du hast recht!' Wie wäre es, wenn ich für mich feststellen kann, dass mir meine Ansicht passender erscheint. Ja, ich bin in Frieden mit mir und meiner Meinung. Und ich bin in Frieden damit, dass er eine andere Meinung hat. Es geht nicht um Rechthaberei, sondern darum, dass jeder seine Meinung haben darf."

Versuche, bei dir zu bleiben, aber versuche dich nicht zu verurteilen. Nimm deine Verletzung wahr und erforsche sie.
Selbstakzeptanz – auch das ist Selbstliebe.

MARKUS REISE

Heute kann ich Entscheidungen aus dem Herzen heraus treffen. Das war nicht immer so. War das in der Vergangenheit anders? Ja. Ich hatte Angst vor Verletzungen!

Ein schmerzerfülltes Ereignis in der Kindheit sorgte dafür, dass ich mein Herz nahezu vollständig verschlossen hatte. Ich fühlte mich verraten, betrogen und verkauft. Mein Vertrauen war bis auf die Grundfeste erschüttert. Ausgelöst – aus meiner damaligen Wahrnehmung – durch Menschen, denen ich blind vertraute und die ich über alles auf dieser Welt liebte.

Niemals sollte sich das wiederholen! Nie wieder sollten solche düsteren Gefühle mein Leben bestimmen! Ein frommer Wunsch. Jedenfalls beschloss ich damals, niemanden mehr zu nah an mich heranzulassen.

Die Konsequenz? Mit einer dicken Schutzmauer hatte ich mich selbst eingesperrt. Ich fühlte mich wie ein „Alien" auf einem fremden Planeten unter lauter Fremden. Für viele Jahre – sogar für Jahrzehnte – zog sich dieser Hochsicherheitsmodus wie ein roter Faden durch mein Leben.

Ich erinnere mich noch sehr gut an meine Antwort bei der Berufswahl: „Auf keinen Fall möchte ich im Job etwas mit Menschen zu tun haben...". Aus Angst vor neuen Verletzungen führte ich ein Leben mit größter Vorsicht und angezogener Handbremse. Mein Gedanke: Je mehr Kontrolle und Sicherheit ich in mein Leben bringe, umso geringer ist die Gefahr, dass ich jemals wieder so einen seelischen Schmerz wie in der Vergangenheit erleiden muss. In gewisser Weise hatte dieser Plan Erfolg. Doch zu welchem Preis? Der war sehr hoch! Ein Leben auf der Nulllinie.

Gefangen in einem Gefängnis mit unsichtbaren Gitterstäben, dass ich mir selbst errichtet hatte. All das auf unbewusster Ebene, was ich erst sehr viel später lernen durfte.

Das Gute daran? Wunderbare Gaben entwickelten sich daraus: Auf der Suche nach möglichen Gefahren richtete ich meinen Fokus komplett auf das außen. So lernte ich zum Beispiel die Empfindungen anderer Menschen zu „lesen", spüre Dinge, die ihnen teilweise selbst nicht bewusst sind. Das wurde vor allem durch die Schärfung der Sinne mit feinsten Antennen möglich.

Durch diese wertvollen Erfahrungen spürte ich am eigenen Leib, wie es sich anfühlt, wenn wir komplett von den Gefühlen zu uns selbst abgeschnitten sind.

Und noch viel wichtiger: Wie wir aus eigener Kraft wieder einen liebevollen Zugang zu uns selbst bekommen können mit einem tiefen Sinn für die eigene Vision für das Leben.

Darüber hinaus lernte ich, andere Menschen genau auf dieser Reise zu sich selbst begleiten zu können. Menschen, die in einer scheinbar ähnlichen „Realität" gefangen sind. Es ist nie zu spät, um die eigenen Fesseln zu sprengen! Weil ich es selbst erlebt und gefühlt habe. Mit Licht und Schatten.

Schließen möchte ich meinen Beitrag mit einem Zitat und einem Impuls für dich.

„Am Ende unseres Lebens bereuen wir selten die Dinge, die wir getan haben. Umso mehr die Dinge, die wir NICHT getan haben...“

Deshalb lerne dich selbst besser kennen. Mit jedem Schritt zu dir selbst öffnest du dein Herz ein kleines bisschen mehr. Zu anderen. Und noch wichtiger: zu dir selbst.

Male dir gerne in den buntesten Farben aus, was dieser Schritt für die ganze Welt bedeutet, wenn du heute damit beginnst und in jedem Moment deines wundervollen Lebens als leuchtendes Beispiel vorangehst. Spürst du bereits den Unterschied? Dann frage ich dich: Worauf wartest du noch? Starte jetzt. Es lohnt sich.

Markus Rollwa, 49 Jahre

VERANTWORTUNG

Gerade habe ich mir Fotos angeschaut. Fotos halten die Augenblicke unserer Vergangenheit fest. Momentaufnahmen, die Zeugnisse unseres Seins sind. Fotos bilden unser Ich immer von außen ab. Sie zeigen das, was wir selbst nicht gesehen haben. Wahrgenommen haben.

Auf dem Foto sieht man mich mit meiner Schwester. Ich bin 6 Jahre alt, meine Schwester war drei Jahre. Meine Mutter hat darüber geschrieben: Ostern 1976. Ich habe einen unmöglichen Kurzhaarschnitt und sehe aus, als hätte ich mir die Haare selber geschnitten. Ein Ei steht vor mir. Das Foto dokumentiert, wie ich meiner Schwester einen Löffel mit Ei in den Mund schiebe. Sie ist mit ihrem Kopf ganz nah bei mir. Ich habe mir das Bild schon häufiger angeschaut, aber mein Blick fiel meistens auf den Cousin meines Vaters, der inzwischen verstorben ist. Auf dem Foto sieht man, wie er uns beide beobachtet.

Ich will das Foto meiner Schwester zu Ostern schicken, deshalb verkleinere ich den Ausschnitt. Nur wir beide. Auf einmal wird mir bewusst, wie innig wir wirken. Wie nah wir uns in diesem Moment sind. Wie viel Vertrauen aus diesem Ausschnitt schwingt. Ich hatte vergessen, dass es so war.

Fotos dokumentieren einen Teil der Realität. Unser Innenleben, unsere innere Realität zeigen sie nicht. Mein Leben besteht aus verschiedenen Räumen. Das, was ich in meinem

Inneren fühle und denke. Das, was von außen zu sehen ist, wie auf den Fotos. Und dann die Welt um uns herum. Sie wird häufig durch die Medien reflektiert. Fernsehen, soziale Medien, Radio, Zeitung und das, was uns andere erzählen.

Ich sitze in unserem Garten. Um mich herum zwitschern die Vögel. Die Sonne scheint mir warm ins Gesicht. Es ist Frühling, die Osterglocken blühen, die Obstbäume beginnen gerade zu blühen. Nur noch wenige Tage bis Ostern. Ich stecke meine Nase ins Fotoalbum. Würde jemand jetzt einen Kurzfilm drehen, Idylle pur. Würde dieser Jemand den Kurzfilm mit den Schlagzeilen der Tagesnachrichten anreichern und dazu spannende Musik einblenden, würde dem Zuschauer die Idylle trügerisch erscheinen. Der kritische Zuschauer würde sich fragen, was ist realer, die gezeigte Idylle mit mir im Garten und mit meinen Fotos oder das, was die Schlagzeilen propagieren?

Mein Gesichtsausdruck wäre so gleichmütig, dass der Zuschauer nicht ahnen könnte, was in mir vorgeht. In diesem Film wäre ich die Schlüsselstelle.

Was geht in mir vor? Das wäre der Schlüssel zum Inhalt dieses Films. Meine Wahrnehmung der Gartenidylle und der Welt mit ihren Nachrichten geben dem Film eine Farbe, eine Stimmung.

Es ist also grundlegend für die Stimmung des Films, wie ich meine Umwelt wahrnehme. Wäre ich die einzige Darstellerin des Films, so wäre meine Wahrnehmung grundlegend für den Verlauf und die Stimmung des Films. Ist es ein trauriger Film, ein wehmütiger, ein wütender, ein spannender, ein langweiliger oder gar ein lustiger Film? Alles hängt davon ab, wie ich als Hauptprotagonistin auf das gezeigte Umfeld reagiere.

Und das ist der Punkt, auf den ich hinaus will. Du und ich, wir sind die Hauptdarsteller in unserem Film. Ich bin die Hauptdarstellerin in meinem Leben. Ich gebe dem Film die Farbe, die Stimmung. Ich bestimme, was es für ein Film wird. Ich bestimme die Stimmung in meinem Leben.

Du kannst nichts dafür, wenn etwas Schreckliches in deinem Umfeld passiert? Nein, das kannst du nicht. Aber du bestimmst, was dir wichtiger ist: Der Garten, in dem du sitzt oder die Medien, die Menschen, welche dir die Schlagzeilen liefern. Du bestimmst den Blickwinkel der Kamera. Du hast Einfluss darauf, wie du reagierst. Ja, du. Niemand sonst.

Ist das immer so einfach? Nein, ist es nicht. Manchmal ist es sogar verdammt schwer. Aber es hilft, wenn ich mir bewusst mache, dass ich gleichzeitig Hauptdarstellerin, Regisseurin und Produzentin des Films bin.

Und weißt du was? Ich bin sogar noch Cutterin. Denn im Nachhinein kann ich sogar an meinen Erinnerungen schneiden. Ich kann mir überlegen, ob ich einige Passagen groß rausbringe, indem ich mich immer wieder an sie erinnere, sie immer wieder erzähle und die dazu passenden schönen oder schrecklichen Gefühle fühle.

Ich kann darüber entscheiden, bestimmte Passagen zu akzeptieren, sie jedoch klein zu halten, indem ich sie einfach ruhen lasse.

Bestimmt kennst du den Spruch: Es ist nie zu spät, eine schöne Kindheit gehabt zu haben. Und ich möchte hinzufügen: Es ist nie zu spät, ein schönes Leben gehabt zu haben.

Um es mit Marc Twains Worten abzurunden:

„Ich habe in meinem Leben
unzählige Katastrophen erlebt.
Zum Glück sind die wenigsten
davon eingetreten.“ [6]

Du hast eine große Verantwortung auf dich genommen. Nein, niemand hat dich danach gefragt. Es ist einfach so. Es liegt in deiner Verantwortung, das Beste aller Leben zu leben. Es liegt in deiner Verantwortung, dein ideales Ich zu entdecken. Damit meine ich nicht dein optimiertes Ich. Ich meine damit die besten Möglichkeiten, die dir dein Ich bietet, zu entdecken.

Zu akzeptieren, dass dir das nicht immer gelingt, dazu gehört eine große Portion Selbstliebe.

SCHWÄCHEN

Ich sitze in unserem Garten. Die Vögel zwitschern. Es ist so wunderbar grün um mich herum. Ich rieche die würzige Luft, die so lau ist wie an einem Frühsommerabend, obwohl es noch Frühling ist. Die Sonne wärmt mich. Es sieht so perfekt aus. Dennoch fühle ich mich nicht perfekt.

Im Gegenteil. Ich fühle mich zerbrochen. Ich fühle mich wie ein Gefäß, aus dem jegliche Form der Lebensfreude herausfließt. Alles, was ich mir aufgebaut habe, mein Business, mein Herzensprojekt, meine Selbstständigkeit rinnt mir durch die Finger. Und es brennt. Ein dicker Kloß sitzt in meiner Kehle. Mein Anblick, hier in diesem wunderschönen Garten trügt. Ich bin nicht glücklich. Es tut weh. Warum kann mein Leben nicht so perfekt sein wie dieser wunderschöne Frühlingsabend?

Und ich weiß, ich darf keine Schwäche zeigen. Ich muss weiter machen. Darf nicht zeigen, wie schlecht es mir geht. Warum eigentlich? Weil ich ein Vorbild sein möchte, für mich selbst, für meine Kinder, für meine Klienten und Teilnehmer. Warum kriege ich das nicht hin?

Wo ist der Notfallplan, den jede erfolgreiche Frau in der Handtasche hat? Wo ist meine Lebensfreude geblieben? Ich rufe sie, aber sie kommt nicht. Sie wird erst auftauchen, wenn ich mich damit abgefunden habe, dass ich kein Abo auf ein perfektes Leben habe. Ich nicht und du auch nicht.

Wir wären alle gerne perfekt. Warum eigentlich? Weil wir denken, dass dann alles leichter wäre? Im Grunde genommen geht es doch darum: Das ganze Leben besteht aus der Herausforderung, das Leben zu bewältigen. Mit all seinen Höhen und Tiefen.

Früher hätte ich lange darüber nachdenken müssen, wenn du mich nach meinen Stärken gefragt hättest. Viel wäre mir nicht eingefallen. Über meine Schwächen hingegen konnte ich Seiten füllen.

Seit einiger Zeit schreibe ich immer mal wieder auf, was meine Stärken sind. Es sind nicht immer die Gleichen, denn ich verändere mich und damit verändert sich auch die Wahrnehmung meiner Stärken. Damit wandelt sich auch mein Blick auf mich selbst.

Jeder Mensch hat Schwächen. Es ist normal geworden, beim Vorstellungsgespräch über seine Schwächen zu sprechen. Solltest du so ein Gespräch vor dir haben, überlege dir vorher schon ein paar Schwächen, die sozial kompatibel sind. Solltest du ein notorischer Zuspätkommer sein, so würde ich das nicht unbedingt sagen. Aber das nur am Rande.

Ein paar Schwächen gestehen wir uns ein. Mit einem Lächeln sprechen wir über unsere Schwäche in Bezug auf Schokolade, Shopping, Bücher oder was auch immer. Aber warum ist es eigentlich eine Schwäche? Warum betrachten wir diese Lust aufs Leben nicht als Stärke? Meine Schwäche ist Schokolade. Kann es nicht auch eine Stärke sein? Wie klingt das: Meine Stärke ist Schokolade. Das klingt komisch, oder? Es könnte aber tatsächlich eine Stärke sein, wenn ich in der Lage bin, die Schokolade voller Genuss, Achtsamkeit und Lebensfreude zu essen.

Eine andere Schwäche sind Buchläden. Ich kann kaum an einer Buchhandlung vorbeigehen, ohne ein Buch zu kaufen. Auch wenn der Bücherturm neben meinem Bett schon höher als das Bett ist. Meistens meldet sich mit dem Buchkauf auch das schlechte Gewissen. Schon wieder ein neues Buch. Ich bin süchtig. Wann soll ich es lesen? Ich habe doch die drei anderen noch nicht beendet!

Hier kommt das Geheimnis: Alles, was dein Leben reicher, bunter und lebendiger macht, trägt zu deiner Lebensqualität bei. Und wenn es Schokolade ist oder ein neues Paar Schuhe oder ein Buch, dann ist es so. Hinterfragen solltest du das Ganze, wenn du dabei ein permanent schlechtes Gewissen hast.

Viele Frauen reden besonders gerne und oft über, ja, du ahnst es schon, was sie an sich selbst nicht schön finden. Über ihre vermeintlichen körperlichen Schwachstellen: der Bauch, die Oberschenkel, die Nase, der Popo. Nicht selten fällt dabei das Wort „hässlich". Armer Körper. Da gibt er sich doch so viel Mühe, gut zu funktionieren, weiblich/männlich zu sein, auf alle Lebenslagen schnell zu reagieren und womit wird er belohnt? Mit einer langen Litanei von Hässlichkeiten. Absurd, oder?

Bei mir war es lange Zeit mein Bauch. Der Bauch, der drei Kinder geboren hat und mir tagtäglich mit Essensverwertung zur Seite steht. Jahrelang habe ich einen Kampf gefochten, den ich nicht gewinnen konnte. Ich wollte einen flachen, straffen und muskulösen Bauch und keinen, auf dem sich Schwangerschaftsstreifen abheben.

Irgendwann habe ich begriffen, dass ich diesen Kampf nicht gewinnen werde, und habe mit meinem Bauch Frieden geschlossen. Ich muss ihn, nicht schön finden. Es reicht, wenn ich ihn so akzeptiere, wie er ist. Schließlich muss ich ja nicht alles an mir schön finden.

Seitdem ich akzeptiert habe, dass ich bestimmte Teile an mir weniger mag als andere, bin ich mit mir im Frieden. Das führt dazu, dass weniger Ladung auf diesem Bauch-Thema ist. Weniger Emotion und mehr Frieden.

Das Loslassen der Glaubenssätze, der Erwartungen an mich selbst und an meinen Körper, war nicht leicht. Die Akzeptanz, dass meine Schwächen keine Schwächen sind, sondern etwas, was zu mir gehört, war nicht einfach. Und ich arbeite noch immer daran. Mit zunehmendem Erfolg. Und das macht frei.

Wenn du dir bewusst machst, was du an dir als Schwäche empfindest, dann kannst du Frieden schließen und bist schon ein ganzes Stück weiter gekommen auf deinem Weg Selbstliebe.

Und ja, es gibt sie. Die Menschen, die zu ihren Schwächen stehen. Denen es egal ist, ob sie komisch angeschaut oder belächelt werden oder was andere über sie denken. Was denkst du über diese Menschen?

Was du über sie denkst, sagt viel darüber aus, wie du deine eigenen Schwächen bewertest. Je weniger du sie akzeptieren und leben kannst, desto mehr wirst du das auch bei anderen verurteilen.

Wie oft denkst du,
wie kann sie/er nur…
das sieht ja unmöglich aus…
ich würde mich nicht so gehen lassen…

kennt die/der eigentlich keine Anstandsregeln…
ich würde nie…

Und noch etwas: Wir sind nicht unsere Schwächen. Nur weil ich ein bisschen länger brauche, etwas auszurechnen, bin ich nicht mathematisch unbegabt. Nur weil ich einen dicken Po habe, bin ich nicht hässlich. Nur weil ich schlechte Laune habe, bin ich nicht unmöglich.

Immer, wenn wir sagen: „Ich bin…", dann legen wir uns fest und reduzieren uns auf unsere Schwächen.

Da gibt es die Frau, die beim Rechnen ein bisschen länger braucht, aber hervorragend mit Geld umgehen kann. Da ist die Frau, die zwar einen dicken Po hat, aber eine Lebensfreude ausstrahlt, die alle in den Bann zieht. Da gibt es den Mann, der beim Basketball total unbegabt, aber beim Tischtennis der absolute Star ist. Da ist das Mädchen, das vor Menschenansammlungen nicht den Mund aufbekommt, aber in Videos so eine motivierende Sprechweise hat, dass sie alle begeistert.

Hast du schon mal darüber nachgedacht, ob du deine Schwäche auch zu deiner Stärke machen könntest? Du sprichst nicht gerne vor anderen? Dann bist du eben eine beliebte Zuhörerin.

Schreibe mal deine ganzen vermeintlichen Schwächen auf und frage dich bei jeder Schwäche:

Ist das wirklich ein Schwachpunkt?
Was wäre, wenn es ein Pluspunkt wäre?
Für wen könnte diese vermeintliche Schwäche ein Gewinn oder gar eine Unterstützung sein?
Was, wenn ich meine Schwäche nicht ablehnen, sondern

sie liebevoll betrachten, sie akzeptieren und vielleicht sogar mögen würde?

Wie fühle ich mich, wenn ich meine Schwäche annehme und mir selbst sage: Es ist doch völlig okay so. Ich muss nicht perfekt sein. Und was, wenn du mit genau diesen „Schwächen" perfekt bist? So wie das Zusammenspiel von Regen, Sonne, Wind, Wärme und Kälte unsere wunderbaren Jahreszeiten erst ermöglichen.

Stell' dir vor, der Wettergeist würde sagen: „Ach nee, Regen dich mag ich überhaupt nicht. Du bist so feucht und unangenehm. Immer, wenn du kommst, fühle ich mich nicht richtig. Ich versuche alles, um dich zu verhindern!" Und genauso geht es mit den anderen Wetterphänomenen. Wir brauchen sie alle, um eine Ausgewogenheit zu schaffen, ein Gleichgewicht.

Hast du schon mal darüber nachgedacht, dass deine vermeintliche Schwäche ein Ausgleich für etwas anderes ist? Ein Ausgleich für ein Zuviel von Stärke? Dass der runde Bauch ein Ausgleich für zu viel Stress sein könnte, ist ja noch einleuchtend. Wofür könnte dein Unvermögen, vor anderen deine Meinung zu vertreten, ein Ausgleich sein?

Für dein Bedürfnis nach Harmonie? Vielleicht bist du dafür bekannt, dass du viel Besonnenheit ausstrahlst und damit Ausgeglichenheit in eine Gruppe bringst. Das ist deine Stärke!

Auf der anderen Seite der Waagschale liegt daher womöglich dein Unvermögen, deine eigene Meinung zum Ausdruck zu bringen.

Das sind nur Beispiele. Frage dich selbst mal, wofür deine vermeintlichen Schwächen ein Ausgleich sein könnten. Möglicherweise findest du die Antwort darauf, wie du dich selbst besser in ein Gleichgewicht bringen kannst.

Aber vielleicht willst du das auch gar nicht, womöglich ist es ganz in Ordnung, Schwächen und Stärken zu haben.

TINAS REISE

Der kleine Schlüssel zum großen Glück

In meiner Yogalehrerausbildung habe ich gelernt, dass in jedem Menschen ein göttlicher Funke verborgen ist. Die asiatische Grußform „Namaste" bedeutet übersetzt unter anderem „das Besondere in mir grüßt das Besondere in dir" und soll daran erinnern, dass wir alle etwas Besonderes sind. Doch warum fällt es häufig so schwer, das Besondere in uns selbst und anderen Menschen zu sehen?

Wir alle haben mehr oder weniger ein Schubladendenken und stecken bestimmte Menschen in bestimmte Fächer, ohne dass wir uns Zeit dafür nehmen, nach einem „göttlichen Funken" Ausschau zu halten. Auch der leuchtende Funke in uns selbst bleibt tief verborgen. Das Thema faszinierte mich und ich hatte mich auf den Weg gemacht, das mal näher zu beobachten. Mir fiel schnell auf, dass mein innerer Kritiker ein ziemlich „lautes Mundwerk" hatte.

Er meldete sich ständig und immer wieder und zeigte mir auf, was ich mal wieder falsch gemacht hatte und was ich eigentlich noch besser machen könnte. Das war ziemlich frustrierend. Schnell stellte ich fest, dass es ja auch damit zu tun haben könnte, wie ich andere Menschen beurteilte. Vielleicht suchte ich unbewusst direkt nach Fehlern oder Merkmalen bei den Menschen, um mich schnell besser zu fühlen, da ja eigentlich niemand wirklich perfekt zu sein scheint.

Aber ist das das wahre Lebensziel? Ist Perfektionismus der Schlüssel zum Glück und zur Selbstliebe? Ist es dann überhaupt möglich, jemals wirklich glücklich zu sein? Diese Fragen beschäftigten mich sehr. Bei meinen vielen Fehlern könnte ich niemals glücklich werden. Aber sind Fehler denn nicht eigentlich menschlich? Sind Fehler nicht sogar auch förderlich, um zu lernen und zu wachsen?

Ich überlegte, auf welche Erfahrungen ich in meinem Leben hätte verzichten können und stellte fest, dass eigentlich alles genau so war, wie es sein sollte. Alle Erfahrungen prägten mein Dasein. Ich beschloss in Zukunft, auch wenn ich Fehler machte, freundlich mit mir zu sein, und das war die größte Veränderung in meinem Leben. Dadurch konnte ich mich mehr und mehr annehmen, genauso wie ich bin. Ich begegnete mir selber mit Achtsamkeit und Liebe. Natürlich ärgerte ich mich auch immer noch, wenn etwas Mal nicht so gut funktionierte. Aber mittlerweile tröstete ich mich dann und baute mich auf, anstatt mich kleinzumachen.

Mein innerer Kritiker war leiser und ruhiger geworden. Dadurch hat sich mein Herz auch für andere Menschen mehr geöffnet. Ich stecke sie nicht mehr direkt in eine Schublade, sondern nehme mir Zeit, nach dem „göttlichen Funken" zu suchen. Dadurch gelingt es mir schnell, in ihnen zu entdecken, was uns alle vereint, die Sehnsucht nach Liebe, nach Glück und Freude sowie inneren und äußeren Frieden. Namaste!

Tina Buch, verheiratet und Mutter von zwei Teenagerkindern

STOLZ

Bist du stolz auf dich? Es ist verpönt, stolz zu sein. Das steht schon so in der Bibel: „Wer zugrunde gehen soll, der wird zuvor stolz und Hochmut kommt vor dem Fall. Besser niedrig sein mit den Demütigen als Beute austeilen mit den Hoffärtigen." (Sprüche 16,18-19)

Unsere Gesellschaft ist geprägt vom Christentum. Viele Denkweisen und Glaubenssätze beruhen immer noch auf Aussagen der Bibel, weitergegeben durch die Kirche.

Vielleicht sind wir noch stolz auf unsere Kinder, aber stolz auf uns selbst? Spannend. Wie können wir stolz auf unsere Kinder sein, weil sie etwas geleistet haben, aber nicht stolz auf uns selbst? Stolz wird oft in Verbindung gebracht mit Überheblichkeit oder Arroganz.

Neulich traf ich eine Bekannte, die einen Laden eröffnet hatte. Von Anfang an lief er ziemlich gut. Sie konnte die Arbeit kaum bewältigen. Ich sagte zu ihr: „Du kannst stolz auf dich sein!" „Stolz sein, wie geht das?", fragte sie zurück. Sie sah nur noch die Arbeit, die Belastung und fühlte sich überfordert.

Wir alle durchleben Phasen in unserem Leben, in denen die Arbeit überwältigend ist und alles zu viel wird. Schaffen wir es dann nicht, stolz auf uns zu sein, bringen wir uns um die schönen positiven Aspekte. Wir verharren im Strudel des Negativen dessen, was uns belastet.

Das kostet Energie. Die Arbeit, das negative Denken darüber zieht uns im wahrsten Sinne des Wortes immer weiter runter. Alles wird schwer.

Ja, stolz sein – wie geht das? Stolz auf etwas zu sein oder über etwas zu sein, ist eine Mischung aus Freude. Und was jetzt kommt, ist wichtig, aus Anerkennung. Nur wenn wir unsere eigenen Leistungen sehen, anerkennen und wertschätzen, schaffen wir in unserem Bewusstsein einen Raum für Stolz.

Damit sind wir wieder bei dem Thema Selbstliebe: Nur wenn ich mich selbst mag und liebe, kann ich meine Stärken, das, was ich geschaffen habe, auch anerkennen. Denn es geht nicht darum, dass andere das für dich tun. „Keiner sieht, was ich den ganzen Tag leiste!" Denkst du so, wirst du gar nicht stolz auf dich sein können.

Natürlich ist es schön, wenn andere sehen, was du leistest. Wesentlich ist jedoch, dass du selbst siehst, was du leistest und dich darüber freuen kannst. Und nein, es müssen nicht immer die großen Dinge sein. Wir können stolz darauf sein, morgens vor der Arbeit die Küche aufgeräumt zu haben, am Samstag das Auto gewaschen oder ein großes Projekt durchgeführt zu haben.

Stolz stellt sich ein, wenn wir etwas geleistet haben, dass uns etwas Überwindung oder Ausdauer gekostet hat. Bist du niemals stolz auf dich, dann bringst du dich selbst um die Früchte deiner Arbeit.

Wofür räumst du die Küche auf, wäschst das Auto, führst das große Projekt erfolgreich durch? Damit niemand schlecht über dich sprechen kann? Damit du anerkannt wirst und andere sehen, wie pflichtbewusst du bist?

Auf Dauer macht das unzufrieden. Es ist eine Rechnung, die nicht aufgeht. Die meisten Menschen warten darauf, dass ihre Leistung von anderen anerkannt wird. Erst wenn du selbst in der Lage bist, darüber Freude zu empfinden, erst dann wird sich ein tiefes Gefühl von Zufriedenheit einstellen.

Es ist auch die eigene Achtung vor dir selbst. Der Respekt vor deiner Persönlichkeit. Es ist die Anerkennung vor dieser bunten Mischung, die dich selbst ausmacht. Wertschätzung gegenüber den Anteilen, die du magst, aber auch denen gegenüber, die du nicht magst.

Die eignen Stärken sehen, sich selbst sagen können: „Das habe ich gut hinbekommen!", Freude darüber zu empfinden, das führt zu einem Gefühl von Stolz. Es sind die Früchte deines Tuns. Du solltest sie genießen. Das schenkt dir Energie. Sie treibt dich an und lässt dich die Arbeit mit Freude tun.

Öffne dein Herz für dich selbst. Betrachte dich von außen. Betrachte dich so, wie du es dir wünschst, dass andere es täten. Schau mit einem liebevollen Blick auf dich und dein Tun. Sei nett zu dir. Denke bewusst positiv über dich selbst. Fasse die Anerkennung für dich selbst in wohlwollende Gedanken. Und ja, du darfst dir ruhig auch mal selbst auf die Schulter klopfen.

Sei stolz auf dich,
niemand außer dir weiß,
wie viel Kraft,
Tränen, Mut und Vertrauen
es dich gekostet hat,
dort zu sein,
wo du jetzt bist!
Marianna Jermakova[7]

OLIVIAS REISE

Das bedeutendste und größte Geschenk, das man geben kann, ist die bedingungslose Liebe zu sich selbst. Nur dadurch gelingt es uns, unsere Mitmenschen mit Liebe und Fürsorge zu beschenken.

Doch gerade in einer Krise fällt es schwer, das Gefühl der Selbstliebe zu empfinden. Als ich meine Krebsdiagnose schließlich akzeptierte und mir bewusst wurde, wie ich bisher mit mir umgegangen war, lernte ich den Kontakt mit meinem ‚inneren Ich' aufzunehmen. Anfangs nur mit simplen Übungen wie beispielsweise ein Lächeln zu geben, bewusst mein Herz zu spüren oder meine Atmung in Stille zu beobachten. Ich habe mein Bewusstsein mit liebevollen, wertschätzenden und gesunden Gedanken angereichert, die sich dann durch Selbstfürsorge wieder spiegelten.

Meine Krise wurde mein Herzöffner. Meine Selbstliebe war im Grunde der Schlüssel zu meinem Glück und zu meiner Heilung.

Olivia Frischmann

DAS LEBEN BEWÄLTIGEN

Was bedeutet es eigentlich: Das Leben bewältigen? Es klingt so, als wäre das Leben ein Gegner, der uns an den Kragen wollte. Ein Feind, den wir bekämpfen müssten, damit er uns nicht wehtun kann.

Das Leben bewältigen: Allgemeinhin meinen wir damit, dass wir dem Schmerz ausweichen wollen. Wir sind ständig bestrebt, keine Schmerzen zu haben.

Stell dir vor, du stehst auf einem Felsen. Hinter dir sind Angreifer. Vor dir in 20 Meter Tiefe befindet sich das Meer. Wirst du springen? Blitzschnell wird dein frontopolarer Kortex ausrechnen, was dir weniger Schmerzen bereiten wird: Ohne dass es dir bewusst wird. Genau 7 Sekunden vor dem gefühlten Zeitpunkt deiner bewussten Entscheidung.[8]

Allerdings haben wir meistens mehr Zeit, um eine Entscheidung zu treffen. Während ich hier auf meiner Liege im Garten liege, die laue Luft um mich herum, wäge ich ab: Weitermachen oder aufgeben? Aufgeben wäre auch Erleichterung. Ich könnte zurück in die Sicherheit meines Berufs als Lehrerin, aber dann käme mit Sicherheit der Schmerz.

Der Schmerz, meinen Herzensweg nicht gefolgt zu sein. Schnell komme ich zu dem Schluss, dass der Schmerz aufzugeben größer wäre, als weiter zu machen und mich damit auf das Unbekannte und Unsichere einzulassen.

Alles, was mir in dieser Zeit bleibt, ist der Glaube an mich selbst. Und ja, ich sollte mich selbst mögen, lieben und meine Stärken anerkennen. Sonst wird das nichts. Würde ich nur meine Schwächen sehen, dann könnte ich es gleich bleibenlassen.

Hast du dich mal gefragt, wie viele Entscheidungen du triffst, damit du den Schmerz nicht spüren musst? Damit du anerkannt, akzeptiert, gemocht, geliebt und angenommen wirst?

Fragst du dich manchmal, wie viele Bekannte, Freunde oder Kollegen du nur deswegen aushältst, weil du dem Schmerz ausweichst? Dem Schmerz, der Ablehnung, dem Streit oder der Konfrontation? Lieber fühlst du dich mit diesen Menschen unwohl: nicht gehört, nicht gesehen – irgendwie anders.

Ja, natürlich, es gibt Situationen, in denen wir mit Menschen klarkommen müssen, die nicht unserer Wellenlänge entsprechen. Aber: Wie viel Zeit möchtest du mit diesen Menschen verbringen? Möchtest du inspiriert, voller Energie und Freude von einem Treffen wiederkommen? Das wirst du nur mit Menschen erleben, die auf deiner Wellenlänge liegen und zu dir passen.

Doch Menschen loszulassen ist nicht gerade das, was sich für eine angepasste, nette, freundliche, höfliche Person ziemt. Außerdem ist es mit Schmerzen verbunden. Loslassen ist nicht leicht. Aber es wird einfacher, wenn wir uns erst mal dafür entschieden haben.

Denn sobald du losgelassen hast, stellt sich Leichtigkeit ein. Unendliche Erleichterung. Die Spannung weicht aus deinem Körper. Blitzschnell weißt du, dass es die richtige Entscheidung war.

Aber natürlich wären wir lieber perfekt. Am liebsten würden wir mit allen und jedem klarkommen. Bitte keinen Streit, keine Disharmonien. Perfekt sein klingt nach einer perfekten Strategie, keinen Schmerz spüren zu müssen.

Auch wenn uns gar nicht danach ist,
ernähren wir uns gesund,
machen möglichst regelmäßig Sport,
sagen keine Termine ab,
sind zuverlässig und pflichtbewusst,
ziehen uns stets angemessen an,
sind nett, höflich, hilfsbereit und zuvorkommend.

Alles tun, um bloß nicht abgelehnt zu werden. Besser perfekt scheinen als den Eindruck zu erwecken, nicht gut genug zu sein. Diese Gleichung wird niemals aufgehen, denn im Leben gibt es viel zu viele Unbekannte, die Perfektion verhindern.

Kennst du den Ausspruch: „Anna ist da völlig schmerzfrei!" Was ist damit gemeint? Dass sie keine Schmerzen empfindet? Nein. Gemeint ist, dass Anna ihre Sache durchzieht. Sie weiß, dass es schmerzhaft werden, dass es wehtun könnte. Sie ist trotzdem bereit, dadurch zu gehen, den Schmerz anzunehmen, ihn auszuhalten.

Hier kommt die gute Nachricht. Sind wir bereit, den Schmerz anzunehmen und ihn durch uns durchfließen zu lassen, zu spüren, zu fühlen, ihm Aufmerksamkeit zu schenken, dann und nur dann wird er sich auch wieder verabschieden. Er wird sich wandeln: in Erleichterung, in Stärke, in Freude – schlicht: in ein Wohlgefühl.

Du siehst ihn kommen, den Schmerz und du bist bereit, ihn zu fühlen und anzunehmen. Der Schmerz auf der anderen

Seite wird verschwinden, wenn er sich gesehen und gespürt fühlt.

Dann „bewältigst" du das Leben nicht mehr, sondern du fließt mit dem Leben. Glaub mir, das ist einfacher.

Wann immer du anderen die Schuld für deine Schmerzen, deinen Ärger, dein Unwohlsein gibst, es wird nicht funktionieren. Das macht den Schmerz nur größer. Warum? Weil du darauf wartest, dass der andere deinen Schmerz lindert: Durch eine Entschuldigung dadurch, dass er sein Verhalten an deine Erwartungen anpasst oder dich tröstet. Damit machst du dich abhängig. Du gibst die Macht ab, an den anderen.

Es geht nicht um Schuld. Noch wichtiger: Es geht nicht um den anderen. Es geht immer nur um dich.

Stell dir vor, der Regen sagt zur Sonne: Du bist schuld, dass es nicht regnet. Du bist schuld, dass alles austrocknet. Du bist schuld, wenn ich krank werde. Ist es wirklich die Schuld der Sonne? Nein, natürlich nicht. Die Sonne macht nur das, was sie am besten kann: Sie scheint.

Der Regen sollte also nicht auf die Sonne schauen, sondern er sollte das machen, was er am besten kann: Regnen! Natürlich stehen die beiden in Verbindung. Sie beeinflussen sich gegenseitig, sie sind Teil eines Systems. Es geht eben nicht um die Schuldfrage oder darum, wer von beiden besser oder schlechter ist.

Wenn deine Kollegin dir ein Projekt zuschustert, das dich überfordert, ärgerst du dich. Ist sie daran schuld, dass du dich ärgerst? Nein, ist sie nicht. Wie lange willst du warten, bis sie auf die Idee kommt, dir deinen Ärger zu nehmen. Wie viel

Lebenszeit willst du dafür aufwenden? Nun hast du allerdings das Projekt an der Backe. Du ärgerst dich, bist verletzt, weil du das Gefühl hast, übergangen worden zu sein. Was tust du?

Fängst du das Heulen und Schreien an? Wirst du trotzig? Normalerweise lassen wir uns dann voll von dem Gedanken- und Emotionsstrudel mitreißen: die Beklemmungen im Bauch, das Gedankenkarussell. „Hätte ich doch was gesagt" „Mit mir nicht" erhöhen noch das schmerzhafte Gefühl der Überforderung. Dieses Mal durchbrichst du dein Verhaltensmuster. Du verlässt das Spielfeld und nimmst die Beobachterrolle ein.

Was ich meine ist: Du trittst zurück und schaust dir das Schauspiel des Schmerzes an. Du beobachtest, was dabei im Körper passiert. Du wartest darauf, dass der Schmerz seine Runde macht, bevor er dich verlässt.

Wird er wiederkommen? Sicherlich, damit ist zu rechnen. Doch mit jedem Mal, mit dem du den Schmerz durch dich hindurch ziehen lassen kannst, wirst du stärker werden. Mit jedem Mal wirst du wissen, es geht vorbei. Es braucht Geduld. Mal mehr, mal weniger.

Wenn du dir den Fuß am Tischbein stößt, weißt du aus Erfahrung, das tut jetzt ein Weilchen weh, doch dann wird es weniger. Der Schmerz geht vorbei, bis er irgendwann vergessen ist. Nützt es, den Tisch zu beschimpfen? Hilft es, dass du dich darüber aufregst, weil dir das passiert ist? Nein! Du akzeptierst, dass du dich gestoßen hast, und verurteilst dich nicht. Vielleicht reibst du die schmerzende Stelle, schmierst liebevoll etwas Creme darauf oder nimmst ein paar Globuli und gibst dich dann dem Prozess hin. Du übst dich in Geduld, denn du bist zuversichtlich, dass der Schmerz vorübergeht. Schließlich hast du schon oft genug diese Erfahrung gemacht. Kinder haben diese Erfahrung noch nicht so oft gemacht. Deswegen trösten wir sie, indem wir sagen: Das geht vorbei. Gleich wird es besser.

Das funktioniert bei psychischen Schmerzen genauso. Allerdings nicht, wenn du sie wegdrückst, weil du sie nicht fühlen willst. Dann werden sie wieder kommen in einer Zeit, in der du sie gar nicht gebrauchen kannst. Sie werden wieder aufploppen, wenn sie getriggert werden, wenn jemand den richtigen Knopf drückt.

Lerne deinen Schmerz anzunehmen, zu fühlen, ihm bewusste Aufmerksamkeit zu schenken. Und er wird es dir danken, indem er sich in etwas Schönes wandelt.

STEPHANIES REISE

Eigentlich gibt es keinen so richtigen Beginn meiner Reise, also mit Startschuss und jetzt geht es los und so. Ich glaube, ich habe sie irgendwann wohl leise angefangen - wie man so schön sagt, mit ersten kleinen Schritten, und ich glaube, mir selbst war das gar nicht bewusst. Unbemerkt habe ich wohl mal hier und mal da einen "Ausflug" gemacht. Raus aus Strukturen, in denen ich zwar funktionierte, aber nur wenig lebendig war. Raus aus Denkmustern, die ich in mir trug, aber spürte, dass sie mir nicht guttun, denn sie drückten auf mich, lähmten und ließen mich nicht gut fühlen. Rein in Momente der Freiheit und Lebendigkeit.

Das waren zu Anfang keine großen Momente mit "bambam - jetzt ist alles anders und ganz leicht". Es waren kleine Momente - die jedoch eine Erinnerung in mir wachgerufen haben. Sie flammten auf und es fühlte sich an wie - "Ich". In diesen Momenten spürte ich mich wirklich, spürte eine Tiefe, eine Sehnsucht, ein Feuer im Herz - ein Gefühl, das sich einfach stimmig angefühlt hat.

Intuitiv habe ich meine "Ausflüge" wiederholt, habe meinem Herz immer öfter die Chance gegeben, sich zu melden, und es hat - am Anfang zögerlich und später fast schon vehement den Arm in die Luft gestreckt und mit dem Finger aufgezeigt. Es hatte so viel zu sagen. Und dennoch habe ich seine Stimme oft weiter nicht gehört. Oder vielleicht auch so getan, als würde ich sie nicht hören, aus Angst vor Veränderung und der Reaktion anderer Menschen. Dann würde ich ja nicht mehr dem Bild entsprechen, das andere von mir haben und vielleicht auch nicht mehr so ganz meinem eigenen Bild. Für mich war die Frage zum Bild von mir entscheidend und die Erkenntnis, dass ich das Bild, das die anderen von mir haben, sowieso nicht wirklich beeinflussen kann.

Und mein Bild von mir sollte wieder lebendiger, farbenfroher, liebevoller und "echter" sein. Die "ernsteren Reisevorbereitungen" begannen damit, dass ich mir selbst noch besser zugehört und begonnen habe, die Kommunikation mit meinem Herz zu intensivieren. Zuerst habe ich nur wahrgenommen, gefühlt und da sein lassen. Versucht nicht zu bewerten, oder alte Glaubenssätze und Begrenzungen urteilen zu lassen über das, was da aus meinem Herzen kam. Ich habe diese Art der Begegnung mit mir mehr und mehr zu schätzen gelernt, auch weil ich für mich gespürt habe, wie gut und richtig es sich anfühlt, mit mir weich und in Liebe zu sein.

Mein Traum war es immer, ein eigenes Café zu haben, und noch heute kann ich mich an den Tag der Eröffnung erinnern, als wäre es gestern gewesen. Der Gästestrom ebbte den ganzen Tag nicht ab. Am Abend liefen nur noch Tränen - überwältigt von Erfülltheit, Dankbarkeit und Liebe. Für mich. Meinen wahr gewordenen Traum. Das Leben.

Fast vier Jahre lang war das Café mein Baby, dann bekam ich eigene und gab aus Liebe zu ihnen das rege Kaffee- und Kuchentreiben auf. Heute bin ich Herausgeberin eines online Magazins und arbeite als Coach und Trainerin. Ich habe nicht aufgegeben, auf mein Herz zu hören. Im Gegenteil, es ist inzwischen zu einer Art Kompass geworden, der mir den Weg weist. Auch wenn ich nicht immer weiß, wohin es als Nächstes geht, so spüre ich die Quelle und den Hafen in mir.

Und wie es keinen so richtigen Beginn meiner Reise gibt, gibt es wohl auch kein Ende.

Stephanie Herzog, Mama von zwei Kindern

ES IST DEIN LEBEN

Sie ist einzigartig, die Liebe zu dir selbst. Genauso einzigartig wie du. Es gibt sie nicht zweimal. Und du bist die Hauptperson in dieser Liebesbeziehung. Du bist die Person, die Liebe empfängt und die Liebe gibt. Merkst du, wie besonders das ist? Du bist die einzige Person in deinem Leben, die das kann. Das kann sonst keiner.

Fragst du dich gerade, ob du das kannst? Du wirst es nur können, wenn du dich selbst unter die Lupe nimmst. Wenn du dir erlaubst, dich so wahrzunehmen, wie du wirklich bist. Nichts schön zu reden, aber auch nichts, wirklich gar nichts schlecht zu reden. Du kannst dich selbst nur lieben und diese Liebe annehmen, wenn du es dir erlaubst, so zu sein, wie du bist. Unverfälscht. Ehrlich. Rein. Ganz einfach du.

Ich habe viele Jahre gebraucht, um zu erkennen, dass es im Leben nicht darum geht, sich besonders toll zu fühlen, sich selbst in den Himmel zu loben oder sich ständig Affirmationen zuzuflüstern: Ich bin toll. Ich bin reich. Ich bin glücklich. Ich bin erfolgreich.

Allerdings geht es auch nicht darum, sich kleinzumachen, die eigene Stimme zu verneinen, sich ständig anzupassen, oder noch besser, toller, schneller als alle anderen zu werden.

Es ist Sonntagabend, alle anderen sind bereits im Bett. Vor mir liegt eine Woche, von der ich nicht weiß, wie sie enden wird. Und auf einmal habe ich eine Erkenntnis. Auf einmal wird mir klar, worum es wirklich geht. Es geht darum, das Leben so anzunehmen, wie es sich mir bietet. Mit all seinen Höhen und Tiefen. Es geht darum, dass dieses Ich mitten in diesem Leben steckt. Ein Teil davon ist. Ich kann dieses Leben, das mir Kraft meiner Geburt geschenkt wurde, nur dann wirklich lieben, wenn auch ich mich wirklich liebe. Anders gesagt: Ich kann dieses Leben, das mir mit jedem Aufwachen geschenkt wird, nicht lieben, wenn ich mich nicht liebe, denn ich bin untrennbar von diesem Leben.

Ich bin wie Sirup in Wasser aufgelöst, wie das Salz in einer Suppe oder wie Sonne, die durch die Luft scheint. Ohne das Leben um mich herum gäbe es mich nicht. Und genauso: Ohne mich gäbe es das Leben um mich herum nicht. Für mich jedenfalls nicht.

Ich bin wie ein Puzzlestück in einem großen Puzzle. Ich kann nur ein Teil des großen Ganzen sein, wenn ich auch als Ganzes Puzzlestück zur Verfügung stehe. Ich kann nicht sagen: „Na die Ecke mag ich aber nicht", oder „Ich hätte gerne noch einen Punkt darauf." Das Puzzlestück passt so, wie es ist, perfekt in das große Puzzle hinein.

Je mehr wir uns selbst annehmen und akzeptieren, desto besser fügen wir uns ein. Denn und das ist jetzt wichtig, wir sind ohnehin schon Teil des großen Ganzen. Ob wir wollen oder nicht.

Wenn wir ständig irgendwo anecken, in Streit geraten, uns empören, dann ist es so, als wollten wir entweder das Puzzlestück oder das große Puzzle verändern. Beides führt zu nichts, denn Puzzle und Puzzlestück sind schon eins. Es liegt an mir, ob ich das erkenne oder nicht.

Es liegt am Puzzlestück, ob es sich dafür lieben kann, wie es ist oder nicht. Jetzt fragst du dich sicher: „Aber wie ist es mit Veränderung? Ein Puzzlestück verändert sich nicht mehr. Wir Menschen verändern uns jedoch fortwährend."

Ja, das stimmt. Stelle dir vor, die Form des Puzzlestücks wäre deine Seele. Die Farben und Muster auf dem Puzzlestück wäre deine Persönlichkeit. Es liegt an dir, welche Farben du zum Strahlen bringst, welche Linien man stärker sieht und welche zurücktreten. Es liegt an dir, ob die Farben eher einen Rotstich oder einen Blaustich haben. An manchen Tagen haben sie vielleicht einen Graustich oder einen Gelbstich. Ob dein Puzzlestück strahlt oder ganz dumpf ist, beeinflusst die umliegenden Teile. Es nimmt sogar Einfluss auf das große Ganze.

Du bist Teil eines großen Organismus, der sich Leben nennt. Je besser du dich an die Bewegungen des Organismus anpasst und gleichzeitig deine Stärken zum Strahlen bringst, desto mehr nimmst du Einfluss auf die gesamte Struktur. Du bringst dein bestes Ich ein. Aber das kannst du nur, wenn du dich liebst, so wie du bist. Ansonsten bist du viel zu beschäftigt damit, deine Schwachstellen zu bekämpfen.

Die Liebe zu dir selbst, zu deinen Schwächen und zu deinen Stärken lässt dich leuchten. So wirst du auch zum Leuchtturm für andere.

DELJANES REISE

Mir war immer klar, dass ich selbst für mein Leben verant-wortlich bin. Nur ich kann etwas verändern und so habe ich mein ganzes Leben lang hart gearbeitet. Als ich 23 war, habe ich in der Universität unterrichtet und habe als Mode-Model gearbeitet. Ich machte Karriere.

Je mehr ich mich auf das Leben einließ, desto mehr traf ich auf Widerstand in meinem Umfeld. Durch die eher unge-wöhnlichen Umstände, in denen ich aufgewachsen bin, wurde ich sehr unabhängig. Ich war ein Freigeist. Aber es war diese Unangepasstheit, die meine Kollegen einschüchterte. Das an-dere Geschlecht fand mich unberechenbar und verstand mich nicht. Es war mir nicht möglich, bedeutsame Beziehungen aufzubauen.

Verzweifelt suchte ich nach Verbindung und Liebe. Ich be-gann mich selbst zu verachten: Fand mich arrogant, unflexibel und dämonisierte mein Ich. Ich begann mich zu verändern: Meine Art, mich zu kleiden, zu sprechen und wie ich mei-ne Freizeit verbrachte. Verzweifelt versuchte ich, mich anzu-passen, sodass ich fast unsichtbar wurde. Meine Verspieltheit wich Ernsthaftigkeit, meine Spontanität wich Berechnung – vorsätzliche Handlungen.

Jeden Morgen schaute ich in den Spiegel: „Sehe ich normal aus? Liebenswert?" Und es funktionierte. Meine Kollegen ak-zeptierten mich und ich wurde zu einem Schlüsselmitglied der

Unternehmensleitung. Ich begann eine Beziehung mit einem Mann, der alle Eigenschaften besaß, die in dieser Gesellschaft als wichtig galten. Ich wurde von allen geachtet und war sehr erfolgreich. Ich erreichte ein Ziel nach dem anderen und war umgeben von „Freunden".

Trotzdem, irgendetwas war nicht richtig. Dauerhaft fühlte ich mich gestresst, litt mehrmals die Woche unter Albträumen. Ein konstanter Druck auf meiner Brust, ein bitterer Geschmack im Mund. Was willst du, Deljane? Mein Aufwach-Moment war, als ich auf meinem Bett lag. Mein Rücken schmerzte, weil ich ein Blatt Papier aufheben wollte. Wirklich! Ich führte einen inneren Dialog, kritisierte meinen Körper, weil er so verletzlich und schwach war. Als ich meinen Kopf drehte und mein Spiegelbild im Spiegel sah, konnte ich die Augen, die mich anstarrten, kaum als die meinen identifizieren. Ich schaute noch mal. Dieses Mal schaute ich nicht, um zu gucken, ob ich in Ordnung war, sondern ich suchte nach mir. Weißt du, wir alle kommen auf diese Welt mit unserem einzigartigen Lied. Wir haben alle das Handwerkzeug, unser Lied zu singen. Egal, wo du geboren bist, was deine Hautfarbe ist, dein Geschlecht, die Umstände: Nur du kannst das Original singen. Jeder andere wäre eine Imitation.

Damit ich in etwas reinpasste, aus dem ich längst rausgewachsen war, habe ich mich so klein gemacht und mich dabei selbst verloren. Mein Licht habe ich so runtergedimmt, damit es in der Dunkelheit nicht auffiel. Als ich das verstanden hatte, begann ich eine Reise, um all meine Teile wieder zu beleben, die ich abgestoßen hatte. Ich verband mich mit meiner wahren Essenz und belebte mein authentisches Selbst. Es war faszinierend, wie alles sich fügte. Ja, ich hatte die Beziehung „verloren" und auch einige meiner sogenannten Freunde. Aber weißt du was? Gefunden habe ich eine viel tiefere Beziehung,

wo ich einfach „Ich" sein konnte und dafür geliebt und ge-
wertschätzt wurde.

Gefunden habe ich neue Freunde, die auf meiner Wellenlänge
sind. Ich arbeite mit Kollegen an Projekten, die uns alle erfüllen. Ich habe meine Bestimmung im Leben gefunden und
mein Leben danach ausgerichtet. Jetzt helfe ich Menschen,
sich ebenso auszurichten. Ich könnte ihnen nicht helfen,
wenn ich diese Reise nicht selbst durchlebt hätte. Meine Reise von hier nach hier. Von mir zu mir. Ich wünsche dir eine
sichere Reise.

Deljane Kum-Naksch, England

DIE SEELE WILL WACHSEN

Woraus bestehst du? Aus deinem Körper und deinem Gehirn. Dein etwa 1,5 kg schweres Gehirn besteht aus verschiedenen Teilen: Großhirn, Kleinhirn, Zwischenhirn und Hirnstamm.[9] Dein Körper besteht aus Organen, Blut, Gewebe usw.

Und wo finden wir die Seele? Die Seele ist nichts, was du verorten kannst. Niemand wird dir sagen können: „Dort ist deine Seele" oder „Du musst genau XY tun, dann findest du deine Seele!" Die Seele ist etwas, das nur jeder für sich wahrnehmen kann, und schlussendlich kann dir keiner sagen, ob es wirklich die Seele war.

Viele sagen, die Seele ist das, was am Ende von uns übrig bleibt. Aber was bleibt am Ende von uns übrig? Ich wüsste gerne schon vorher, was bleibt.

Ist die Seele das Ich? Mein Ich? Mein Ich ohne das Tochter-Ich, ohne das Mutter-Ich, ohne das Schwestern-Ich? Ohne das Ich, was ich in meinem Beruf lebe, als Partnerin, als Freundin?

Ziehen wir diese ganzen „Rollen"-Ich´s von unserem Ich ab, was bleibt dann? Dann bleibt nichts. Unser Ich formt sich aus der Resonanz mit unserer Umwelt, aus dem, was uns umgibt.

Hätte ich keine Kinder, würde das Mutter-Ich fehlen, hätte ich keinen Partner, würde dieses Ich fehlen, ginge ich nicht arbeiten, würde dieses Arbeits-Ich fehlen. Hätte ich kein Umfeld, gäbe es kein Ich. Mein Ich besteht aus der Mischung von Körper und Geist. Je nachdem wie mein Umfeld ist, so wird mein Ich geformt. Verschiedene Umfelder aus Arbeit, Familie, Natur, Tiere etc. ergeben verschiedene Ich´s oder anders gesagt verschiedene Schattierungen meines Ich.

Wäre mein Umfeld also komplett verschwunden – alle Menschen, Dinge, Tiere, Pflanzen, Wolken, das Licht, mein Körper, meine Sinne, dann gäbe es nur noch mein Bewusstsein. Ist das meine Seele? Vielleicht, denn dieses Bewusstsein könnte zu einer anderen Zeit wieder in einen anderen Körper, in ein anderes Umfeld bestehend aus Pflanzen, Tieren, Menschen und Dingen schlüpfen. Das würden wir Inkarnation nennen.

Glaubst du an Reinkarnation? Glaube ich an Reinkarnation? Ich weiß es nicht. Ausschließen kann ich es nicht.

Ist also die Seele das, was vom Ich übrig bleibt, wenn wir alles darum herum wegnehmen? Ja, aber wir müssen noch mehr wegnehmen. Nehmen wir noch die Erinnerungen, die Verletzungen, die du erfahren hast und die tollen Momente weg.

Manchmal sagen wir: „Das ist eine gute Seele!" Oder wir haben das Gefühl, ein anderer Mensch sei ein Seelenverwandter von uns. Weil wir die gleichen Ansichten haben, die gleichen Erlebnisse, die gleichen Erfahrungen? Nein, es ist etwas, was noch dahinter steckt.

Pass auf! Es gibt noch einen anderen Gedankengang. Mach dich mit mir auf den Weg in deine Vergangenheit.

Kannst du dich an eine Situation als Kind erinnern? Vielleicht als du so drei, vier oder auch fünf warst? Fühle dich noch mal in diese Situation ein. Stelle dir vor, du wärst wieder so alt. Was hast du gefühlt, gesehen, wahrgenommen?

Nun gehen wir ein paar Jahre weiter. Vielleicht als du so zwischen 10 und 13 Jahre alt warst. Wieder spürst du dich in die Situation ein: Was hast du gefühlt, gesehen, wahrgenommen?

Und wir gehen noch ein paar Jahre weiter, sagen wir zwischen 14 und 17 Jahre. Und dann noch ein paar Jahre weiter.

Es gibt einen Teil in dir, der sich immer gleich anfühlt, egal, an welche Zeit du dich zurückerinnerst. Dieser Teil ist alterslos. Er ist unabhängig von deinem Ich als Kind.

Vielleicht hast du dich an eine Situation erinnert, als du trotzig warst oder voller Freude. Dein Bewusstsein ist das, was die Freude oder den Trotz wahrnimmt. Die Seele ist die Essenz aus allem. Die Seele ist das, was immer dabei ist. Sie ist dein innerster Kern, der unabhängig von deinem Körper und deiner geistigen Entwicklung dabei ist auf deiner Lebensreise.

Aber was ist dann damit gemeint, wenn wir sagen, die Seele will wachsen? Stell dir vor, die Seele steckt in deinem Körper. Du kommst als Baby auf die Welt. Zunächst geht es erst mal darum zu überleben. Dabei helfen dir deine Eltern. Das Überleben ist nun das Wichtigste. Der Körper steht im Vordergrund. Du brauchst Nahrung und Wärme. Außerdem brauchst du Zuneigung. Alles kommt von außen. Im Idealfall von deinen Eltern. Die Seele hält sich zurück.

Im Laufe deines Lebens rückt das Körperliche in den Hintergrund. Klar, du brauchst immer noch Essen und Wärme, aber inzwischen hast du gelernt zu gehen, zu schreiben und vieles mehr.

Nun wird das Geistige wichtiger. Die Lebenserfahrung wird mehr, alles, was du erlebst und erfährst, hinterlässt Spuren. Es ist, als wenn zu deiner inneren Essenz immer mehr Aromastoffe kämen. Die Essenz wird mit jeder Herausforderung, die du bewältigst, reicher und voller – wie ein ausgewogener, samtiger, vollmundiger Wein.

Deine Seele wächst, sie nimmt immer mehr „Raum" ein, aber eben nicht im räumlichen Sinne. Irgendwann verlassen dein Körper und dein Geist das Irdische. Die Seele bleibt. Und ja, vielleicht findet die Seele einen neuen Körper. Wer weiß!

Wir bestehen aus Atomen, so bestehen wir überwiegend aus Energie. Rein physikalisch betrachtet kann Energie nicht mehr oder weniger werden, sie kann nicht verschwinden. Sie kann sich nur verändern.

Fest steht: Wir sind Energiewesen. Jeder Gedanke, jedes Gefühl ist ein elektromagnetischer Impuls. Was passiert also mit deiner Lebensenergie, wenn dein Körper und Geist die Erde verlassen? Ich glaube, dass die Seele diese Energie ist. Denke ich an Seele, dann denke ich an etwas, das aussieht wie ein Seepferdchen: Weiß, fast durchsichtig, leicht schimmernd wie ein Nebelfaden, auf den ein Sonnenstrahl scheint. Ich stelle mir vor, wie diese Seele in mir ist und wie sie am Lebensende aus meinem Körper auffährt. Meine Essenz.

Menschen, die Angehörige bis zum Ende ihres Lebens begleitet haben, berichten manchmal, wie sie im Moment des Todes ein Licht gesehen haben, dass aus dem Körper nach oben steigt. Ist es die Seele? Da ist die Schlussfolgerung, dass wir cine Seele haben, doch nicht abwegig. Auch der Körper „verschwindet" nicht einfach, nachdem jemand verstorben ist. Die körperliche Substanz wird zu etwas Neuem.

Stelle dir einen Topf mit Wasser vor, der im Sommer draußen steht. Nach ein paar Tagen schaust du nach. Der Topf ist leer. Ist das Wasser weg? Verschwunden? Gibt es das Wasser nicht mehr? Die Wahrheit ist, es ist zu Wasserdampf geworden. Irgendwann wird aus dem Wasserdampf eine Wolke am Himmel, daraus wird Regen, der wieder in den Topf fällt. Vielleicht fallen die Wassertropfen aus dem Metalltopf nun in einen Holztrog. Wer weiß?

Warum sollte es mit all der Energie aus unseren Gedanken und Emotionen nicht ähnlich sein? Allein die Tatsache, dass wir es nicht wissenschaftlich beweisen können, belegt nicht, dass es nicht stimmt. Letztlich kann niemand mit Bestimmtheit sagen, dass es keine Seele gibt.

Den Gedanken, dass wir eine Seele haben, finde ich persönlich schön und auch beruhigend. Ich glaube daran.

CHRISTINES REISE

Die Reise zu mir

Vor 40 Jahren bin ich hier auf diese wunderschöne Erde in dieses grandiose Abenteuer – Leben – eingetaucht. Ich fühlte mich von Anfang an irgendwie anders. Es war ein Gefühl, als wäre ich in einem Spiel angekommen, dessen Regeln total anders funktionieren, als ich dachte und fühlte.

Die großen Fragen des Lebens beschäftigten mich von klein auf an. Wer bin ich wirklich? Wofür bin ich hier? Überall habe ich Antworten darauf gesucht. Im Psychologie-Studium, in x Ausbildungen und Fortbildungen danach. Ich war für alles offen. Kein Weg war mir zu mühevoll. Ich wusste, dass es Antworten und ein Ankommen in mir geben würde. Und ich hatte so eine Idee, wie sich dieses Angekommen-Sein anfühlte.

Mein Leben war perfekt. Alles, wie gewünscht. Ein wunderbarer Mann, 2 zuckersüße Kinder. Erfolgreich in meiner eigenen Praxis als Coach und ganzheitliche Psychologin. Also insgesamt ein glückliches Leben! Die allermeiste Zeit war ich auch total happy – mit mir und meinem Leben. Und dann gab es noch die Momente, in denen ich ganz tief mit mir verbunden war, hineinsank in die Stille und meine Seele hörte, wie sie flüsterte, „Hey Christine, da gibts noch mehr! Da gibts noch so viel mehr!" Tief in mir wusste ich es immer. Immer. Immer. Dass es noch mehr gibt. Dass ich viel mehr bin als dieser Körper, als diese Gedanken und Gefühle, die durch ihn strömen. Dass ich etwas bin, das ich mit dem Verstand nicht erfassen kann. Dass ich mich in der Welt hinter der Welt finden werde. Beyond.

Ja, ich wusste es. Aber ich konnte es nicht fühlen. Meine Suche nach mir war in Wahrheit die Sehnsucht mich zu fühlen. Mich in meiner Essenz, in meinem tiefsten Kern zu spüren, anzuerkennen und zu lieben.

Das tiefe Fühlen all dessen eröffnete sich für mich durch die Seelenfrequenz. So nenne ich diese besondere Art des Frequenz-Tankens, die mich nach Hause führte.

Durch die Kommunikation mit meiner Seele konnte ich erstmals diesen höchsten inneren Raum in mir betreten. Den Raum, wo ich zu Hause bin. Den Raum, wo ich mich in meiner tiefsten Essenz und Glückseligkeit fühle. Wo alle Antworten für mich und mein Leben bereit liegen. Es ist ein Sein, in dem ich das unendliche Einssein fühle, ich eine so unendlich tiefe Liebe zu mir und allem, was ist, empfinde.

Tiefe und Weite. Nichts und Alles.
Hingabe anstatt Kontrolle. Vertrauen anstatt Angst.
Es ist das zu Hause Sein in purer Liebe, tiefem Frieden und echter Erfüllung.
Freude und Lebendigkeit. Leben. Bliss.
Unendliche Dankbarkeit.
Die Reise zu mir ist mein Lebens-Abenteuer.

Ich reise weiter. Ich werde immer weiter reisen. Und doch ganz anders. Ich suche nicht mehr. Ich habe mich gefunden. Ich wünsche dir von ganzem Herzen, dass du innehältst, die Stimme deiner Seele hörst und fühlst und dich von ihr führen lässt. Denn dann, wenn du bereit bist, ihr zu folgen, wirst du das Größte in deinem Leben finden – Dich!

Christine Obermayr, 40, Österreich, Mama von zwei Kindern

ERFOLGREICH

Ich sitze draußen. Die Sonne hat sich hinter den Wolken versteckt. Die Luft ist so angenehm warm, als hätte jemand die Heizung angestellt. Es ist still in unserem Dorf. Obwohl es mitten am Tag ist. Nur die Vögel zwitschern, als wollten sie der Stille etwas entgegensetzen. Inzwischen ist der Sommer angekommen und mit dem Sommer ein Gefühl von Leichtigkeit. Alles wird gut.

Mir geistert ein Post durch den Sinn. Jemand fragte, ob man als Yogalehrer richtig erfolgreich sein könne. Etwas störte mich an der Frage. Zunächst denke ich, dass man schon viele Kurse unterrichten muss, um gut zu verdienen. Dennoch, ich stolpere über etwas. In der Frage ist eine Unebenheit, die ich nicht richtig fassen kann.

Ich bewege die Frage in meinen Gedanken hin und her. Kaue auf ihr herum, wie auf einem Stück Pfirsich, in dem man einen Splitter des Kerns vermutet. Dann habe ich den Splitter, die Unebenheit. Bedeutet denn erfolgreich, dass ich mit dem, was ich tu´ viel Geld verdienen muss?

Jemand, der Erfolg hat, verdient also mit dem, was er macht, gutes Geld und bekommt dafür viel soziale Anerkennung. Dieser Definition würden vermutlich viele Menschen zustimmen. Was sagt Wikipedia dazu? Ich weiß es nicht. Erst mal will ich wissen, was ich darüber denke. Was also heißt „erfolgreich"? Bin ich erfolgreich? Bist du erfolgreich? Er-folg-reich.

Es gibt eine Ausgangssituation, eine Ausgangshandlung auf diese folgt etwas und das macht mich reich. Ich fühle mich reich dadurch. Das ist nicht zwangsläufig „Geld" und auch nicht unbedingt materieller Wohlstand. In anderen Worten: Reich sein kann auch „sich erfüllt fühlen", bedeuten.

Fühlst du dich reich erfüllt? Gibt es etwas, was du in diese Welt bringst, dass dich erfüllt? Folgt Erfüllung und ein Gefühl von Reichtum auf dein Handeln? Es gibt viele Menschen, die von ihrem Tun erfüllt, aber nicht reich im materiellen Sinne sind.

Im Buddhismus gibt es ein Wort dafür „Dharma". Was ist dein „Dharma"? Es ist das, was wir tun, wenn wir unserem Herzen folgen und etwas in die Welt bringen, was anderen dienlich ist.

Da ist der Hundezüchter, der eine Hundeschule betreibt und sich schon auf dem Weg zum Hundeplatz reich fühlt, denn er gibt genau das, was sein Herz erfüllt, an andere weiter. Die Freude und das Lächeln der Hundebesitzer, wenn sie in Harmonie mit ihrem Hund sind, macht ihn reich, erfüllt ihn.

Da ist die Frau, die an vielen Abenden in der Woche kleine Figuren häkelt. Immer dann, wenn die Kinder im Bett sind, erschafft sie ein neues kleines Wesen. Das Lächeln, das sie mit diesen kleinen Wesen hervorruft, wenn sie eines verschenkt, erfüllt sie. Sie ist erfolgreich.

Da ist die Frau, die stets vor Ideen sprüht. Sie braucht sich bloß den Garten oder die Wohnung von anderen anzuschauen, schiebt etwas von hinten nach vorne oder zur Seite, empfiehlt einen Baum oder ein Accessoire und plötzlich gewinnt der Raum an Schönheit. Es erfüllt sie, wenn sie spürt, dass sie mit wenigen Handgriffen eine großartige Wirkung erzeugt. Auf ihr Handeln folgt etwas, was sie reich macht.

Da ist der Mann, der am Wochenende die Schürze herausholt und die Messer wetzt. Er geht darin auf, neue Rezepte auszuprobieren. Voller Hingabe gibt er sich seinem Tun hin. Freut sich über die Aromen, die sich in der Küche und auf seinem Gaumen niederlassen. Dann ist er ganz bei sich. Der Moment, wenn das Essen hübsch angerichtet auf dem Tisch steht. Dieser Augenblick, wenn die erste Gabel die Zunge erreicht und sich der köstliche Geschmack im Mund ausbreitet – dieser Moment erfüllt ihn. Er spürt den Erfolg seines Tuns. Er ist erfolgreich.

Und was ist mit dem Lohn, der Belohnung? Ohne Geld geht es doch nicht? Man muss doch was verdienen? Erfolgreich und arm sein ist keine gute Kombination. Wobei: Was heißt eigentlich arm sein? Solange ich mir das leisten kann, was ich zum Leben brauche, bin ich dann arm? Nur weil ein anderer mehr zum Leben braucht als ich? Es geht um Ausgewogenheit im Leben. Der Erfolg und die Armut verstehen sich nicht gut. Bringt mir mein erfolgreiches Tun nicht viel Geld, dann bin ich gut beraten, wenn ich außerdem einer Arbeit nachgehe, die mein Leben finanziert.

Du kannst mit deinem Hobby erfolgreich sein und nichts damit verdienen. Aber nein, du verdienst damit: Freude, Dankbarkeit, Ansehen und ja, Erfüllung. Genauso gut ist es möglich, dass du erfolgreich bist und damit viel Geld verdienst.

Und nun stelle ich noch einmal die Frage: Bist du erfolgreich? Hier kommt die Selbstliebe ins Spiel. Ich muss mich schon mögen, wenn ich mein Tun mit Wohlwollen und Wertschätzung betrachten will. Viele warten auf die Erlaubnis von außen, als würde ihnen die Anerkennung der anderen diese Erlaubnis geben. Erfolgreich sein bedeutet jedoch, dass ich in meinem Inneren diesen Erfolg, diesen Reichtum spüre. Wenn allein mein Tun ein Lächeln auf meine Lippen zaubert und sich in mir ein Gefühl von tiefer Zufriedenheit breitmacht, dann bin ich erfolgreich.

Bin ich erfolgreich? Mein Unterricht, meine Kurse und Workshops erfüllen mich. Nach einer Unterrichtsstunde fühle ich mich meistens voller Freude und Dankbarkeit. Mit einer tiefen Zufriedenheit schließe ich dir Tür hinter mir. Das sind Momente, in denen ich überhaupt nicht darüber nachdenke, ob ich damit viel Geld verdiene oder nicht. Ich weiß schon jetzt, wenn ich dieses Kapitel beendet habe, den Laptop zuklappe und meine Tochter in Empfang nehme, die mir vom „Lärm" der Schulwelt erzählt, dann werde ich mich erfolgreich fühlen. Wieder habe ich ein Kapitel beendet. Es fühlt sich rund in mir an. Es ist, als ob ein kleines Lächeln aufsteigt, von dem niemand außer mir weiß, wo es herkommt. Mit diesem Kapitel habe ich im Außen keinen Ruhm erlangt, kein Geld verdient und niemand hat mir gesagt, dass er es gerne gelesen hat. Dieser Erfolg ist nur für mich. Noch ist es mein Geheimnis, das ich wie einen Schatz in mir trage.

Dieser Schatz ist wie ein kleiner glitzernder Stein zwischen all den grauen Alltagssteinen. Die Steine, manchmal groß wie Felsbrocken, die so unendlich viel Kraft brauchen, um sie aus dem Weg zu räumen.

Manchmal vergesse ich, dass ich diese glitzernden Steine in mir trage und plötzlich tauchen sie wieder auf. Oft, wenn ich ganz traurig melancholisch bin, weil mir nichts so recht gelingen will. Dann erinnere ich mich an meinen inneren Reichtum, an die kleinen glitzernden Steine. Plötzlich fallen mir all die Augenblicke wieder ein, in denen ich vor lauter Erfüllung nicht wusste, wohin mit meinem Lächeln. Sie erinnern mich an das tiefe Gefühl der Zufriedenheit, als ich eine alte Vase aus dem Schrank gekramt und diese so platziert habe, dass der ganze Raum anders wirkte. Aus der Vase wurde ein Hingucker, etwas, was den Raum positiv veränderte, und ihn in ein anderes Licht eintauchte.

Es sind die kleinen Erfolge, das, was auf dein Tun gefolgt ist, dich vielleicht für wenige Momente erfüllt und reich gemacht hat, das deinem Leben eine andere Farbe gibt. Es lässt all dein Tun in einem anderen Glanz erscheinen.

Manchmal ist dieses Tun auch ein Nicht-Tun, das erfolgreich ist. Etwa, wenn wir jemandem nur zuhören, ohne ihn mit Ratschlägen zu überhäufen. Wenn wir etwas nicht aussprechen, uns nicht lautstark ärgern, uns zurückhalten und eben nicht ins Tun oder ins Reden kommen. Diese Momente, wenn wir das Leben einfach nehmen, ohne etwas verändern zu wollen, und wir anschließend erkennen, dass daraus etwas ganz Großartiges entstanden ist.

Dieser Moment, als ich all meinen Ärger zurückgenommen habe, ihn in eine innere Schublade gestopft, ihn nicht rausgelassen und mein Kind stattdessen darauf aufmerksam gemacht habe, was ich mir von ihm gewünscht hätte. Dieser Moment, als mein Kind von mir wegging, sich dann noch mal umdrehte und ernst sagte: „Ich hab' dich lieb, Mama!" Das war ein Moment, der mich tief erfüllt hat. Auf dieses Zurücknehmen mich zähmen, weniger sagen, folgte ein Gefühl von innerem Reichsein.

Dieser Moment, als ich mich ungerecht behandelt fühlte, als jemand mein Tun kritisierte, ich am liebsten dagegen gehalten hätte. Zurück gemeckert, mich gerechtfertigt hätte. Dieser Moment, als ich mich entschied, mich erst mal in den anderen hineinzuversetzen. Ich mir die Frage stellte, was kann ich tun, damit es sich für beide Seiten gut anfühlt? Was würde die Liebe dazu sagen? Dieser Moment, als ich die Kritik annahm, sie umsetzte, freundlich und einfühlsam blieb. Gleichzeitig mir treu blieb. Das war der Moment, als ich die Vorlage schuf, für mein erfolgreich sein.

Der Erfolg, die Belohnung folgte tatsächlich auf dem Fuße, ich erntete ein großartiges Kompliment, eine Anerkennung meines Tuns, das mit der eigentlichen Kritik gar nichts mehr zu tun hatte. Es war ein großartiges Gefühl. Ein Gefühl von großartigem erfolgreich sein. Ich war so dankbar, dass ich über meinen inneren Widerstand gegangen war, mich nicht zur Wehr gesetzt hatte, sondern mich und die anderen mit in ein Boot genommen hatte.

Das sind die Augenblicke, in denen ich mich sehr mag. In denen ich mich für meine Zurückhaltung und mein achtsames Tun liebe. Den Teil in mir liebe, der erklärt hat: Nicht ärgern, nicht zurückschlagen, sondern innehalten, einfühlsam sein und dann handeln.

Und hier kommt ein wichtiger Unterschied zum „Dharma". Dein Dharma ist das, was du in die Welt bringst, das anderen dienlich ist. Das, was dich reich macht, was dich erfüllt, braucht nicht in erster Linie anderen dienlich zu sein, erst einmal sollte es dich erfüllen. Fühlst du dich reich und erfüllt, wird die Wirkung auf andere jedoch nicht ausbleiben. Im zweiten Schritt dienst du anderen durch dein erfüllt sein, durch dcincn Erfolg, deine Zufriedenheit, deine Lebensfreude. Diese Energie, dieses Strahlen, was dich umgibt, erhellt auch das Leben der anderen.

Wie erfolgreich wir sind, hängt auch davon ab, inwiefern wir bereit sind, Erfüllung oder Erfolg anzustreben. Was kann ich tun, damit ich mich erfolgreich und erfüllt fühle. Das ist bei jedem ein bisschen anders. Was tust du, damit du dich erfolgreich fühlst. Dafür gibt es kein Rezept. Horche tief nach innen und fühle. Die Antwort wird auftauchen. Wenn nicht jetzt, dann später. Und sie wird dazu führen, dass du dich wieder ein bisschen mehr magst. Bis du irgendwann sagen kannst: Ja, ich liebe mich dafür, dass ich es spüren kann. Nicht, dass ich erfolgreich bin, sondern dass ich mich erfolgreich fühle. Ich finde, das ist ein Unterschied.

BEWUSSTSEIN

Eben habe ich meine Tochter zum Kindergeburtstag gebracht. Anschließend bin ich einen Berg hinaufgefahren und blicke in die weite hügelige Landschaft. Der Wind weht leise durch die Blätter, während ich hier sitze und schreibe. Es ist warm, drückend. Daher steige ich aus dem Auto, setze mich mit meinem Laptop auf die Bank und lasse mir die Stirn vom Wind kühlen. Ein Radfahrer fährt vorbei. Sein Gesichtsausdruck verrät, dass er nicht damit gerechnet hat, hier jemanden zu sehen, der an seinem Laptop sitzt und schreibt. Er fährt weiter, dreht sich noch mal zu mir um.

Ich genieße die Ruhe hier oben, die nur durchbrochen wird vom Wind. Fast fühle ich mich so, als wäre ich allein auf diesem Fleckchen Erde. Es ist ein Moment, in dem alles vollkommen ist. Ich fühle mich reich beschenkt und frei. Frei, weil ich an einem ganz normalen Wochentag inmitten dieser Weite sitzen darf, um das zu tun, was ich jetzt gerne mache: Schreiben!

Ich bin mir völlig bewusst, dass nicht jeder diese Freiheit hat. Umso dankbarer bin ich dafür.

Neulich hat mich jemand gefragt: „Was bedeutet denn eigentlich ‚Bewusstsein‘"? Zugegeben, die Frage lässt sich nicht leicht beantworten. Dazu will ich ein wenig ausholen und erzähle dir eine Geschichte von Anna. Sie beschreibt zunächst, was „Bewusstsein" nicht ist:

Als der Wecker am Morgen klingelt, fährt Annas Hand wie automatisch unter der Bettdecke hervor und drückt auf die Schlummertaste. Sie dreht sich noch mal um und versucht, wieder einzuschlafen. Der Wecker klingelt ein zweites Mal, sie steht auf und noch auf dem Weg zum Bad, überlegt sie, wie viele Brote sie schmieren muss. Dabei fällt ihr ein, dass sie heute Nachmittag unbedingt noch einkaufen muss. Unter der Dusche denkt sie an die Arbeit und an das gestrige Gespräch mit ihrer Kollegin. Auf dem Weg zur Arbeit formuliert sie in Gedanken die E-Mail, die sie später schreiben wird. In ihrem Büro angekommen, begegnet ihr gerade noch Inge, die auf dem Weg zum Außentermin ist.

Sie lächeln sich kurz an und tauschen sich direkt über die anliegenden Aufgaben aus. Annas Blick wandert während des Gesprächs schon zu ihrem Schreibtisch, auf dem einiges an Post liegt. Mit den Augen scannt sie die Post ab, um einzuschätzen, was heute noch alles bearbeitet werden muss. Mittags eilt sie nach Hause, geht auf dem Heimweg in Gedanken den Kühlschrank durch und überlegt, was sie zum Mittagessen kochen könnte. Nach dem Mittagessen….

An dieser Stelle verlassen wir Anna. Ihre Geschichte zeigt, wie sehr sie im Funktionieren-Modus steckt. Viele Vorgänge hat sie automatisiert durchgeführt, agiert eher unbewusst als bewusst. Lediglich die anspruchsvolleren Arbeiten hat sie sehr bewusst durchgeführt, damit ihr keine Fehler unterlaufen. Ansonsten war sie meist mit ihren Gedanken in der Vergangenheit und in der Zukunft.

Ist das schlimm? Nein, ist es nicht. Ganz im Gegenteil: Es ist gut, dass wir so automatisiert handeln können, dass wir uns nicht jedes Mal darüber Gedanken machen müssen, wie man beispielsweise Auto fährt oder sich unter der Dusche wäscht.

Das verschafft uns Puffer, um unsere Gedanken fließen zu lassen. Es verschafft uns auch Zeit, Geschehnisse ganz nebenbei zu reflektieren oder Projekte zu planen. Sind wir allerdings überwiegend in diesem automatisierten Funktionsmodus, rauscht das Leben an uns vorbei. Gnadenlos. Wir werden an den Punkt kommen, an dem wir uns fragen: „Habe ich mein Leben überhaupt richtig gelebt? Wo ist es geblieben, dieses Leben!" Wir werden damit leben müssen, dass verdammt viel Zeit vergangen ist. Zeit, die sich nicht wiederholen lässt.

Was das Bewusstsein ganz genau ist, das ist noch nicht erforscht. Vereinfacht gesagt, ist „bewusst" der Vorgang, in dem ich wie ein Beobachter etwas wahrnehme, was gerade jetzt um mich herum geschieht oder was gerade in mir los ist: welche Gedanken oder Gefühle ich gerade habe. Ich nehme mich in Bezug auf mein Umfeld wahr. Hier spricht man auch von Selbstbewusstsein.

Das, was man nun weiß, ist, dass das Bewusstsein in der Großhirnrinde zu finden ist. Alles, was nicht in der Großhirnrinde abläuft, ist uns nicht bewusst.[10] Der Philosoph John Searle geht so weit, dass er das Bewusstsein als den wichtigsten Aspekt unseres Lebens bezeichnet. In dem Moment, in dem wir darüber nachdenken, dass wir denken, befinden wir uns auf der Bühne unseres Bewusstseins. Rene Descartes Theorien sind von diesem Ansatz geprägt. Der berühmte Ausspruch: „Ich denke also bin ich!" zeigt, dass mein Bewusstsein mein Menschsein ausmacht.

Folgt man den Berichten von Menschen mit Nahtoderlebnissen, liegt die Erkenntnis nahe, dass es ein Bewusstsein ohne Körper gibt und ein Bewusstsein, das über mein eigenes Bewusstsein weit hinausgeht. Man spricht davon, dass sich das individuelle Bewusstsein auf einer höheren Ebene verbindet.

LOSLASSEN

Loslassen ist eine der größten Herausforderungen in unserem Dasein. Bei unserem Erbe als Jäger und Sammler ist es nur allzu menschlich, dass wir festhalten wollen, was wir einmal erworben haben. Haben wir es erst mal im Herzen, lassen wir noch viel schlechter los.

Leben bedeutet Veränderung. Ich bin nicht mehr das junge Mädchen, das alle zwei Wochen mit seiner Mutter in die Bücherei fährt und einen Schwung Bücher ausleiht. Irgendwann blieb das zurück auf meinem Weg. Schmerzhaft für mich und auch für meine Mutter. Hatten wir doch beide dieses Ritual geliebt.

Schon jetzt weiß ich, dass auch ich meine Kinder eines Tages loslassen muss. Sie werden in die Welt hinausgehen wollen, weg von mir und vom heimatlichen Hafen. Ich werde sie loslassen, gehen lassen. Nicht weil ich sie nicht liebe, sondern weil ich sie liebe. Loslassen ist ein Teil der Liebe.

Liebe bindet nicht, hält nicht fest, sie bewertet nicht. Liebe nimmt das, was es ist. Liebe hinterfragt nicht oder sagt: „So, muss das sein!" Liebe lässt dich sein, wie du bist und lässt mich sein, wie ich bin. Da gilt es loslassen: Von Erwartungen an den anderen, von Vorstellungen, wie die anderen zu sein haben. Es gilt loszulassen von Träumen, für die jetzt nicht der richtige Zeitpunkt ist. Es gilt loszulassen von den Erwartungen, die ich an mich selbst habe.

Manchmal müssen wir Menschen aus unserem Leben gehen lassen. Wir lassen los, wenn wir merken: Du tust mir nicht gut und ich tue dir nicht gut. Dann lassen wir los. Nicht verurteilend im Ärger oder in der Wut, sondern in Liebe. Wir lassen den anderen in Liebe gehen.

Ja, wenn das so einfach wäre. Wären da nicht die Emotionen, dieser giftige Mix aus Gedanken und Gefühlen. Diese Momente, wenn wir so böse auf den anderen sind, uns ungerecht behandelt fühlen, wenn wir das Gefühl haben: Wir sind das Opfer. Unser Verstand findet Gründe genug, warum der andere schuldig ist. Unsere Gesellschaft funktioniert mit dem System von Schuld und Unschuld: Versicherungen, unser Rechtssystem und unser Geldsystem. Aber dafür braucht es immer einen Richter, immer einen, der festlegt, wer recht hat.

Funktioniert Recht haben und ein Leben in Freude, Fülle und Zufriedenheit? Ich glaube nicht. Irgendwo habe ich gelesen, Recht haben und Partnerschaft funktionieren nicht. Recht haben und Freundschaft ebenso wenig. Dort gibt es kein richtig und falsch. Sie funktionieren mit gegenseitiger Achtung, mit gemeinsamen Interessen und ja, mit Liebe. Verbindet Liebe uns nicht mehr, dann sollten wir loslassen. Loslassen um unserer selbst willen und um des anderen willen.

Warum ist das Loslassen so wahnsinnig schwer? Warum ist es so schwierig, Menschen gehen zu lassen, ohne sie zu verurteilen? Vielleicht, weil sie Teil unseres Lebens geworden sind. Möglich, dass es kein angenehmer Teil mehr ist, aber dennoch gehören sie dazu. Wir fürchten uns vor dem Loch, welches das Puzzlestück hinterlassen wird. Lieber haben wir ein Puzzlestück, das nicht mehr richtig passt als ein Loch auf unserer Landkarte des Lebens. Es ist so schwer, dieses Loch hinzunehmen, dass wir versuchen, den anderen zu verbiegen, damit er wieder in unsere Landkarte passt. Wir haben Angst vor der Leere und davor, was dieses Loch mit uns machen wird. Angst vor dem Unbekannten.

Werde ich allein klarkommen? Was mache ich mit der Zeit, die ich nun allein verbringen muss? Wir haben Angst davor, uns dem Leben hinzugeben.

Es braucht Vertrauen. Vertrauen, dass die nächste Welle das Loch wieder füllen wird. Wie unser Lebenspuzzle dann aussehen wird, wissen wir nicht. Das ist das Unbekannte. Es braucht Vertrauen, um sich darauf einzulassen. Das Unbekannte macht uns so große Angst, dass wir lieber an dem Alten festhalten. An der gewohnten Situation, an den gewohnten Menschen in unserem Umfeld. Lieber das als gar nichts, denken wir.

Und auch wenn die Menschen schon lange aus unserem Leben fort sind, glauben wir, das Loch füllen zu müssen.

Wie viele Menschen leben ewig lang in Trauer, ärgern sich noch Jahre später über den Expartner, verstricken sich noch immer in die ärgerlichen Gedanken über die Freundin oder den Freund.

Wie viel Zeit verbringen wir damit, nicht loszulassen. Es ist, als hätten wir Magneten in unserem Herzen, die den anderen nicht loslassen, nicht gehen lassen. Selbst wenn der andere nicht mehr Teil unseres Lebens ist, ist er doch häufig noch in unseren Gedanken und Emotionen aktiv. So vergiften wir uns manchmal selbst.

CORAS REISE

Ich bin mir selbst gegenüber häufig sehr kritisch und lasse mich verunsichern. Hinterfrage mich: „Bin ich gut genug?" Von den besonderen Eigenschaften anderer lasse ich mich beeindrucken, beziehe das auf mich und frage mich: „Warum bin ich nicht so?" Spüre Neid und Minderwertigkeitskomplexe. Manchmal denke ich: „Nun bin ich schon 60 geworden und trotzdem noch so unsicher." Vielleicht ist der Prozess auch niemals abgeschlossen. Vermutlich ist das auch gut so, es verhindert, dass wir festgefahren in unserer Persönlichkeit sind. Dadurch sind wir offen für Veränderung.

Begegnen mir Menschen, die schlecht über andere sprechen, dann wird mir bewusst, dass sie sich selbst nicht mögen, nicht lieben. Eigentlich kann man doch sagen, wenn Menschen mit anderen Menschen schlecht umgehen, gehen sie auch mit sich schlecht um. Ich sage mir oft: „Bleib bei dir! Bleib freundlich, aber klar und bei deiner Meinung." Das hilft mir auch in meinem Beruf. Sonst habe ich mich schnell angegriffen gefühlt. Jetzt sage ich mir: „Ich bin so, wie ich bin." Auch wenn ich nicht so lustig unterhaltsam bin." Inzwischen wird es mir bewusst, wenn ich so kritisch mit mir bin und ich denke: „Halt Stopp!" Ich höre auf, mich zu vergleichen. Verzeihe mir meine Schwächen und akzeptiere, dass ich so bin wie ich bin. Freue mich mit den anderen und bin in Frieden mit mir.

Cora B., Pädagogin, eine erwachsene Tochter

VERGEBUNG

Vergebung ist loslassen. Nicht mehr, aber auch nicht weniger. Es geht nicht darum, den anderen zu entschuldigen, ihm eine Absolution zu erteilen. Es geht darum, den anderen loszulassen, den Giftpfeil aus unserer Haut zu ziehen. Möglicherweise hat der andere tatsächlich den Giftpfeil abgeschossen. Allerdings liegt es an uns, ob wir den Pfeil stecken und das Gift seine Wirkung tun lassen oder ob wir den Pfeil rausziehen, anschließend die Wunde säubern und heilen lassen.

„Vergebung ist der Duft, mit dem das Veilchen den Absatz bestäubt, der es zertreten hat." Diesen Satz von Mark Twain zitierte der 95-jährige ehemalige Olympiasprinter Louis Zamperini, als er im Interview über sein Leben erzählte.

Zamperini wurde als Kriegsgefangener von einem sadistischen Aufseher gepeinigt und gequält. Später vergibt er ihm und damit kann er heilen.[11]

Wusstest du, dass Herz-Kreislauferkrankungen die Todesursache Nr. 1 sind? Vor einiger Zeit hörte ich einen Vortrag einer Wissenschaftlerin, die für das Heartmath-Institut arbeitet. Dieses Institut beschäftigt sich mit dem Herzen: Einsamkeit und nicht vergeben können sind ziemlich sicher eine der Hauptursachen für Herzinfarkte.

Vergebung bedeutet nicht, dass wir so tun, als wäre nichts gewesen. Wir lassen den anderen damit von unserer Angel.

Wir lösen ihn von unserem Magneten. Es ist, als ob wir einen Vertrag unterzeichnen, in dem steht: „Du darfst aus meinem Leben gehen. Ich ent-lasse dich. Ich lasse dich los!"

Ich habe lange gebraucht, um zu verstehen, dass es genauso wichtig ist, sich selbst zu verzeihen. Sich in Vergebung zu üben. Ich las über eine Übung, da sollte man immer wieder sagen: „Ich vergebe mir!" und schauen, welche Erinnerungen und Bilder auftauchen. Tatsächlich war ich erstaunt, was da alles auftauchte. Ja, es gibt viel zu vergeben:

• Was wir wann zu wem wie gesagt haben
• Was wir gemacht haben oder was wir nicht gemacht haben
• Fehler oder Versehen, die uns unterlaufen sind
• Dinge, die wir vergessen haben
• Das wir nicht immer so sind, wie wir es gerne hätten
• Das wir manchmal schlecht gelaunt sind
• Das wir andere verurteilen
• Unserem Gegenüber keine Hilfe angeboten haben
• Erwartungen, die wir an andere gestellt haben
• Unser Unvermögen zu verzeihen

Die Liste ist lang. Es gibt auf meiner mentalen Liste beinah täglich Neues. Manchmal hilft es, wenn ich denke: „Ich verzeihe mir. Ist doch nicht so schlimm!" oder „So bin ich!" Manchmal hilft es auch nicht, aber ein schlechtes Gewissen hilft noch weniger.

Wenn wir uns selbst vergeben können, fällt es uns leichter, den anderen um Vergebung zu bitten, sich zu entschuldigen, die Sache noch mal geradezurücken. Es ist immer wieder ein bisschen loslassen. Loslassen ist Heilung. Heilen lassen ist loslassen. Loslassen von alten Überzeugungen, negativen Glaubenssätzen und krankmachenden Emotionen.

Erst wenn wir den Giftpfeil unserer eigenen Negativität rausziehen und loslassen, können wir heilen. Es ist der erste Schritt, um zu gesunden. Erst dann kann der Nährboden für ein reiches Leben voller Fülle und Lebensfreude beackert werden.

Die Erde für die Saat besteht aus der Liebe zum Leben. Annehmen was ist und was uns das Leben schenkt. So wie die Sonne die Saat wärmt, so wärmt uns die Liebe zu uns selbst und zu anderen. So wie der Regen die Saat befeuchtet, befeuchtet uns das Miteinander mit Menschen, die wir mögen.

Ohne die eigenen Interessen und unsere Mitmenschen bleibt die Saat trocken, ohne die Liebe kann sie nicht wachsen und ohne das Leben gibt es keinen Nährboden.

Und was ist mit der Saat? Woraus besteht die Saat in diesem Bild? Die Saat bist du!

STEFANIES REISE

Eine Reise zu mir? Das bedeutet: mich immer mehr zu fühlen, um mich immer mehr mit mir selbst zu verbinden. Für mich bedeutet es auch, sich zu trauen, schlechte Gefühle zuzulassen. Wie fühlen sich Trauer, Wut, Enttäuschung an. Wenn ich das zulasse, dann fühlt es sich auch gar nicht mehr so schlimm an.

Stefanie, Lehrerin, Mutter einer jugendlichen Tochter

KÄMPFST DU?

Ich habe mich in einem Hotel eingemietet. Hier will ich dieses Buch zu Ende bringen. Nach dem Gespräch mit meiner Lektorin steht fest: Das Buch wird das Licht der Welt erblicken.

Hier in diesem Hotel entfliehe ich dem Rhythmus des Alltags. Wie oft habe ich mir gesagt: Ich muss doch nicht in ein Hotel fahren, um meinen Text zu überarbeiten. Aber ich schaffe es nicht gegen den Rhythmus des Alltags. Schaffe es nicht, mir den Raum zu erkämpfen, den ich bräuchte für Konzentration am Stück. Über Stunden.

Irgendwann gebe ich auf und gestehe mir die Zeit im Hotel zu. Nun sitze ich hier mit einem wunderbaren Ausblick über die Wälder, die sich langsam von Grün, zu Gelb zu Orange verfärben. Der Abend neigt sich und die Abendsonne taucht den Horizont in ein warmes, weiches Licht. Es ist ein goldener Oktoberabend.

Bei meiner Reservierung bat ich ausdrücklich um ein Zimmer mit einem schönen Ausblick. Früher hätte ich das nicht gemacht. Hätte gehofft, ich bekäme ein Zimmer mit einem schönen Ausblick. Oft bekam ich es nicht. Ich musste lernen, meine Bedürfnisse klar und deutlich zu formulieren, und zwar so, dass mein Gegenüber nicht raten muss.

Zu sagen: „Ich möchte ein Zimmer mit einem schönen Ausblick!", das musste ich üben. Das Hotel hat dann immer noch

die Möglichkeit zu erwidern: „Leider haben wir keines mehr!"
Aber sie hatten eins. Gut, dass ich es gesagt habe.

Das Kapitel, das ich nun schreibe, gab es heute Morgen noch
nicht. Auf der Fahrt hierher fiel mir ein, dass ich mal in einem
Interview gefragt wurde, ob ich eine Kämpfernatur sei. Damals sagte ich: „Nein". Ich war ein zurückhaltendes, schüchternes Kind und formulierte in der Welt da draußen nur sehr
selten meine Bedürfnisse.

Doch je länger ich darüber nachdenke, desto mehr fällt mir
dazu ein: Als ich in der 11. Klasse war, schrieb ich eine Fünf
nach der anderen. Die größte Niete war ich in Mathe. Wie
sollte ich das Abitur schaffen? Ich setzte mich hin und lernte. Wiederholte das, was wir in der Schule gemacht hatten.
Kämpfte um Verständnis der mathematischen Zusammen-
hänge. Meine Abiturklausur bestand ich mit einer Eins vor
dem Komma.

In meiner Zeit als Referendarin war dieser Ruhm längst vergessen. Ich war auf dem Weg, Grundschullehrerin zu werden.
Und ich war auf dem Weg zu scheitern. Man sagte mir: „So,
werden Sie es nicht schaffen." Mir war klar, ich konnte mich
nicht gut verkaufen. Scheitern und gehen oder kämpfen und
bleiben? Ich entschied mich, dafür zu kämpfen. Lernte und
holte mir endlich Rat von anderen. Bei Unterrichtsbesuchen
tat ich so, als sei ich eine Schauspielerin. So konnte ich mein
schüchternes, unsicheres Ich verlassen und zu einer Lehrerin
mit Standing werden. Es funktionierte.

Ich bekam meine erste Stelle. Auch hier musste ich um mein
Ansehen kämpfen. Lernen, mich zu behaupten. Lernen, an-
dere davon zu überzeugen, dass ich eine gute Lehrerin bin.
Sie steckte schon in mir, aber ich musste sie tief aus mei-

nem Inneren herausholen. Warum bewältigten andere das mit Leichtigkeit? Ich weiß es nicht, aber ich behauptete mich und irgendwann war mein Ansehen so groß, dass sich alle wunderten, als ich aufhören wollte.

Nachdem ich drei Kinder bekommen hatte und unzählige unterrichtet hatte, wusste ich, dass da noch etwas anderes in dieser Welt auf mich wartet. Ich hatte einen Ruf vernommen und dem folge ich nun. Auch das war ein Kampf. Manchmal war der Gegenwind groß. Die Hürden, die überwunden werden wollten, die Stimmen, die nicht an das glaubten, an das ich glaubte. Doch ich ging weiter.

Nachdem die Welt nun gegen einen Virus kämpft, der alles durcheinanderwirbelt, wovon wir geglaubt haben, dass wir es sicher in der Tasche haben, kämpfe auch ich wieder. Ich kämpfe um mein Überleben, mein Bestehen und ja, ich kämpfe auch um meine Unabhängigkeit.

Manche Tage fühlen sich an wie ein Marathon. Anstrengend, beschwerlich, endlos. Wie oft habe ich gedacht: „Ich kann nicht mehr!" Wie oft wollte ich aufgeben, zurück in meinen Beruf gehen. Zurück in die Sicherheit. Doch jedes Mal schickte mir das Universum ein Zeichen, das mich aufforderte weiterzumachen. An manchen Tagen denke ich: „Weitermachen, einfach nur weitermachen. Schritt für Schritt. Nicht zu weit in die Zukunft denken. Irgendwann werde ich ein Licht sehen. Am Ende des Tunnels. Und irgendwann werde ich im Licht stehen." Ja, irgendwann werde ich im Licht stehen. Es wäre nicht das erste Mal, dass ich es geschafft hätte.

Die vielen kleinen Erkältungen, die wir im Laufe unseres Lebens durchleiden, trainieren unser Immunsystem. So sind wir ausgestattet mit einem gut trainierten Immunsystem, wenn es mal schlimmer kommt. Gott sei Dank überleben wir genau deshalb die meisten Krankheiten. So bereiten uns die vielen kleinen Situationen, in denen wir gescheitert sind, auf die großen Herausforderungen vor. In einer solchen stecke ich gerade. Aber mein System hat das Scheitern und das Kämpfen trainiert.

Ich mag den Buddhismus. Der Buddhismus hält nichts vom Kämpfen. Wir sollen nicht gegen etwas kämpfen, sondern wir sollen mit dem Wind gehen. Die Wellen reiten so wie sie kommen. Immer wieder habe ich mich gefragt, wie soll das funktionieren, wenn man kein Mönch ist, Kinder hat und ein Leben führt, das sich immer mal wieder nach Untergang anfühlt?

Vorhin habe ich eine Pause vom Schreiben und Korrigieren gemacht, bin eingenickt und habe länger geschlafen, als ich wollte. Aber es tat gut, den Geist zur Ruhe kommen zu lassen. Es hat neuen Raum entstehen lassen und es hat einen Raum für die Antwort entstehen lassen. Als ich anschließend im Foyer des Hotels einen Wach-werd-Kaffee trank und meinen Blick schweifen ließ, kam die Antwort.

Ich kämpfe gar nicht gegen das Leben. Ich kämpfe für mich. Ich kämpfe für mein Leben, für das meiner Kinder. Ich reite die Welle, die Leben heißt. Ich kämpfe nicht gegen den Wind, sondern ich kämpfe darum, auf der Welle zu bleiben, nicht unterzugehen, Wasser zu schlucken und in Atemnot zu kommen.

Ich kämpfe um das, was mir wichtig ist. Ich kämpfe für mein Leben, darum, nicht unterzugehen. Ich kämpfe darum, damit ich jeden Tag in den Spiegel schauen kann und mir sagen kann: „Ich lebe ein Leben, das zu mir passt."

Ja, wir müssen uns den Gegebenheiten anpassen. Das ist die Welle. Und wir kämpfen darum, auf der Welle zu bleiben. Aktiv passioniert. Die Welle, die immer größer und größer wird. Sich immer weiter aufbaut. Dem Himmel entgegen.

Das ist die Kunst beim Segeln, den Wind so zu nutzen, dass er mich ans Ziel bringt. Egal von wo er weht.

In dieser Kunst übe ich mich gerade. Ich stelle mich dem Wind, dem Virus, der alles durcheinanderwirbelt. Mal von hier weht, mal von dort. Ich gehe mit dem Wind. Aber dabei verliere ich mich nicht.

Ich weiß um meine Stärken und setze sie gezielt ein. Um meine Schwächen weiß ich auch. Ich akzeptiere sie. Sie sind ein Teil von mir und manchmal ist meine Schwäche auch meine Stärke. Wenn mir meine Schwäche das Leben schwer macht, hole ich mir Hilfe. Auch dafür braucht es manchmal ein Loslassen alter Glaubenssätze: „Ich muss das alleine schaffen.“ „Es darf kein Geld kosten!“

Es braucht die Liebe zu mir selbst. Es braucht die Wertschätzung für mich, damit ich überhaupt die Energie aufbringen kann – für mich und für meinen Weg. Ich kann auch nur für meine Kinder kämpfen, wenn ich sie liebe und wertschätze. Dann bin ich stark wie eine Löwin. Weil sie mir so wichtig sind. Weil ich sie schützen will. Liebe ich mich ebenso, dann kann ich auch für mich stark wie eine Löwin sein.

Kampf bedeutet eigentlich nicht, gegen etwas anzugehen. Immer wenn wir in einen Widerstand gehen, verbrauchen wir Energie. Ein guter Kampf ist ein solcher, indem wir die Kraft des Gegners geschickt nutzen, um unsere Stärken zu verstärken. Und wir nutzen die Kraft des Gegners, um unsere

Schwächen auszugleichen. Wie beim Ju Jutsu. Wir nutzen die Energie des Gegners. Sie wird zu unserer Energie.

TOBIAS REISE

Worte waren mein Handwerk. Denn damit verdiente ich als ehemaliger Journalist mein Geld. Ein langweiliger Artikel bringt keine Leser und verständlich sollte er natürlich auch sein. Auch das Leben ist wie eine Zeitung: Um das zu bekommen, was du dir wünschst, ist es notwendig, richtig zu kommunizieren – mit anderen Menschen, aber vor allem mit dir selbst. Ansonsten schickt das Universum dir Leserbriefe in Form von ungewollten Dramen, Krankheiten und sonstigen unerwünschten Ereignissen.

Ob Du ein glückliches und erfülltes Leben führst oder nicht, hängt vom richtigen Gebrauch von Sprache ab. Es sind sogar nur zwei Worte, die Du meistern musst: JA und NEIN.

Ja-Sagen ist einfach, Nein-Sagen erfordert Mut. Deshalb sagen mehr Menschen „Ja" als „Nein". In der Vergangenheit habe ich auch zu häufig JA gesagt: Ja zu Menschen, die mir nicht guttaten. Ja zu Schichtarbeit und einem Job, der meinem Ego gefiel, aber meinen Körper und meine Seele ausbrannte. Ja zu einer überteuerten Mietwohnung in einer lauten Großstadt. Ja zu ungesunden Lebensmitteln, um nur einige Beispiele zu nennen.

Wir bekommen nicht immer im Leben das, was wir uns wünschen, aber immer das, was wir tolerieren. Deshalb Schluss mit der Wischi-Waschi-Spiritualität: Hör auf, dir deinen blöden Job schön zu meditieren oder im Sinne falsch verstandener Toleranz, Menschen über deine Grenzen trampeln zu lassen. Fang an „Nein" zu sagen, wo Du „Nein" meinst. Das ist echte Selbstfürsorge. Schaumbäder bei Kerzenschein, Aufenthalte in Wellness-Hotels oder sonstigem Gedöns, was dir die Industrie verkaufen will, bringen dir nichts, wenn du nicht in Verbindung mit dir selbst bist.

Dich selbst zu lieben heißt, deine Werte zu kennen und deine Bedürfnisse zu spüren. Und so wach sein, um in jeder Sekunde Deines Lebens die richtigen Entscheidungen zu treffen.

Das geht nur, wenn Du auf Dein Herz hörst und mit Deiner Intuition verbunden bist.

Tobias Frank

ÖFFNE DEIN HERZ

Öffne dein Herz für dein Leben. Was heißt das eigentlich? Öffne dein Herz für deine Gefühle. Ich denke, also bin ich. Ich fühle, also lebe ich. Ich liebe, wenn ich mich mit all dem verbunden fühle, was das Leben mir zuträgt. Auch mit mir selbst.

Unser Körper ist der Ort der Gefühle, das Unbewusste. Das Gehirn ist der Ort unserer Gedanken, das Bewusste. Unser Unbewusstes ist viel schneller in der Reaktion als das Bewusste.

Daher machen unsere Gefühle einen weitaus größeren Teil unserer Lebensqualität aus. Unsere Gefühle machen unser Leben reich und bunt. Könnten wir nicht fühlen, wäre unser Leben dann noch lebenswert? Je mehr wir unsere Gefühle zulassen, desto mehr verleihen wir unserem Leben Tiefe. Umso mehr können wir unser Leben lieben.

Das gelingt, wenn wir bereit sind, alle Herausforderungen des Lebens anzunehmen, mit allen Konsequenzen: Wahrnehmen, fühlen, denken, entscheiden, handeln. Unser Leben zu lieben bedeutet, unser Leben zu fühlen. Bedingungslose Liebe ist die Liebe ohne Bewertung. Annehmen was ist. Auch bei mir selbst. Muss ich alles toll bei mir selbst finden? Ich denke nicht, das wäre pures verliebt sein. So kann ich annehmen, dass ich nicht immer ein Gefühl von Liebe mir selbst gegenüber empfinde.

Wenn unser Hund mich mit dreckigen Pfoten anspringt und mein feiner Mantel, den man so schlecht reinigen kann, verschmutzt, ärgere ich mich dann? Die Wahrscheinlichkeit ist groß. Liebe ich unseren Hund dennoch? Ja, natürlich. Liebe ist die Grundlage unserer Verbindung und mein ärgerlich sein führt nicht zu einer Einschränkung.

Ich liebe meine Kinder, aber an manchen Tagen ärgere ich mich ganz fürchterlich, habe die Nase voll, wünschte ich hätte mehr Raum für mich. Aber all das hat nichts damit zu tun, dass ich sie liebe. Zur Liebe gehört, dass ich sie trotz oder wegen ihrer Schwächen liebe. Dass ich sie so annehme, wie sie sind. Es gehört dazu, dass ich sie loslasse, wenn es an der Zeit ist. Ich sie gehen lasse, weil ich sie liebe. Auch wenn es schmerzt und ich Angst habe, dass sie nicht wiederkommen könnten. Vielleicht kämpfe ich auch um sie, wenn ich noch nicht loslassen kann.

Auch du bist wie dieses Kind. Kannst du dich genau so lieben? Deine Seele wird es dir danken. Es wird deine Seele wachsen und reifen lassen. Ganz nebenbei werden auch deine Beziehungen zu anderen einfühlsamer und tiefer sein.

Bedingungslose Liebe. Eine Liebe ohne Bedingungen, ohne Wenn und Aber. „Ich liebe dich nur, wenn…!" gibt es nicht. Das Gefühl von Liebe ist immer bedingungslos, nur unser Verstand versucht Einschränkungen zuzulassen.

In dem Moment, in dem wir voller Liebe für jemanden sind, sind wir genau das: Wir sind die Liebe. Alle Zellen schwingen im selben Rhythmus, wir sind in Kohärenz. In diesem Moment nehmen wir uns selbst und den anderen bedingungslos an. Die Liebe unterscheidet nicht zwischen Liebe zu mir und Liebe zum anderen. Liebe ist Liebe. Vielleicht nur für einen

Moment, aber wenn unser Körper auf Liebe eingestellt ist, dann ist es, als würden wir in Liebe baden. Je öfter wir im Zustand der Liebe sind, desto erfüllter fühlt sich unser Leben an.

Warum aber gehen dann so viele Beziehungen und Freundschaften kaputt? Vielleicht gehen sie nicht kaputt, vielleicht ist die Verbindung einfach nicht mehr so stark und wir fühlen die Liebe nicht mehr so intensiv. Unser Verstand sucht stets nach Erklärungen und gerne auch nach Schuld. Was, wenn wir eine ehemals nahe intensive Beziehung in Liebe beenden könnten. Wäre es dann ein Beenden oder wäre es viel mehr eine Distanz schaffen, weil sich das große Puzzle verändert hat und mein Puzzleteil eben an anderer Stelle besser passt. Trotzdem sind wir innerhalb des Puzzles noch verbunden. Allein durch unsere Erinnerungen an gemeinsame Zeiten. Und wer weiß, wie sich das Puzzle im Laufe unseres Lebens noch verändern wird.

Liebe bedeutet nicht, dass ich alles gut finden muss. Bedingungslose Liebe bedeutet, mich selbst genauso anzunehmen, wie ich bin. Auch meine Neigung, bestimmte Bereiche meiner selbst nicht so zu mögen, denn Liebe hat nichts mit „gefällt mir" oder „gefällt mir nicht" zu tun. Ich kann den Wald lieben, auch wenn ich mich im Dunkeln dort fürchte. Liebe ist das Gefühl, das uns mit uns selbst und unserem Umfeld verbindet.

Wenn du dich selbst so annehmen kannst, wie du bist, auch und vor allem mit dem Gefühl, dass du dich eben nicht immer magst, ist das nicht wirkliche Liebe zu dir selbst? Ich glaube nicht, dass Selbstliebe bedeutet, dass ich alles an mir mögen muss. Schon gar nicht lieben muss. Schließlich handelt es sich hier um Äußerlichkeiten oder Eigenschaften, die sich im Laufe des Lebens ohnehin verändern.

Allerdings: Ablehnung ist stets mit einer gewissen Härte verbunden. Wenn du das, was du als Schwächen empfindest, mit
einem liebevollen, gütigen Blick betrachtest, dann entsteht
eine Offenheit und Weichheit. Wie wäre es, wenn du all dein
Fühlen einfach so annimmst, wie es ist: deinen Ärger, deine
Enttäuschung, deine Freude, deine Begeisterung, deine Wut,
deine Zuversicht, deine Hoffnung, deine Langeweile. Ich
glaube, das ist wahre Liebe. Selbstliebe.

IN LIEBE

Nun sind wir schon am Ende des Buches angekommen. Es fällt mir schwer, dieses Buch in die Welt gehen zu lassen. Zum letzten Mal lasse ich meinen Blick durch das Panorama-Fenster des Hotels schweifen. Ich sehe die Weite des Tals. Inzwischen ist es Herbst. Die Blätter der Bäume leuchten in verschiedenen Gelb- und Orangetönen. Es regnet. Die Wolken hängen tief. So ist das Leben, das pralle bunte Leben.

Kann man ein Buch lieben? Es fühlt sich für mich so an. Auch wenn ich immer noch etwas hinzufügen möchte, etwas verändern möchte, liebe ich dieses Buch. Und wenn es keiner liest? Oder es nur wenigen das gibt, was es zu geben bereit ist? Egal! Das Buch ist zu einem Teil von mir geworden. Ich fühle mich eng mit ihm verbunden. Und nun ist es an dir, daraus etwas zu machen.

Was steht nun in dem Brief, den dir deine Seele geschrieben hat? Unterzeichnet mit: „In Liebe deine Seele". Vielleicht möchte deine Seele dich ermuntern, dass du dich in einem anderen Licht betrachtest. Dass du nicht nur für andere leuchtest, sondern auch dein Leben ausleuchtest. Kannst du dich so annehmen, wie du bist?

Wir sind aus dem Grundgefühl der Liebe entstanden. Das Grundgefühl der Angst schützt uns vor Gefahren. Aus der Liebe entstehen die Freude, die Zuversicht, die Leichtigkeit und die Begeisterung.

Aus dem Gefühl der Angst entstehen die Wut, der Ärger, die Traurigkeit und die Enttäuschung. Die Angst ist aus unserem Leben nicht entfernbar. Wir können nur lernen, mit ihr umzugehen.

Machen wir uns also auf den Weg, uns selbst und die Menschen um uns herum bedingungslos anzunehmen und zu lieben. Aus der Liebe kommen wir und irgendwann gehen wir in Liebe zum gelebten Leben aus dieser Welt. Irgendwann kommen wir an das Ende unseres Lebens.

Ist es wirklich das Ende? Vielleicht ist es der Anfang von etwas Neuem. So wie die Nacht der Übergang zu einem neuen Tag ist. Wenn es so ist, dann wird es deine Seele sein, die in dieses Neue übergeht. Wenn es so ist, dann wird deine Seele bereichert sein von deinem Leben. Sie wird sich weiterentwickelt und verändert haben.

Es gibt junge Menschen, die schon ein so tiefes Verständnis für die Welt haben. Auf mich machen sie den Eindruck, als hätten sie eine sehr alte Seele. Es gibt alte Menschen, die haben noch eine junge Seele. Und wie ist es mir dir? Lässt du deine Seele wachsen und reifen?

Vielleicht steht in dem Brief deiner Seele an dich das Folgende:
Liebes Du
danke, dass du so bist, wie du bist.
Mit all deinen Stärken und Schwächen,
mit deinen Wutausbrüchen, deinen Ängsten und Sorgen.
Ebenso liebe ich es, wenn du lachst, dich freust
und voller Begeisterung bist.
Ich bin dankbar für jede Herausforderung,
die du annimmst und bewältigst,

das macht nicht nur dich stärker, sondern auch mich.
So kann ich wachsen und reifen.
Kannst du spüren, dass ich durch all das
immer mehr zu leuchten beginne?
Es ist wunderbar, deine Seele sein zu dürfen.
Mit jedem Schritt, den du auf deinem Weg gehst,
bekomme ich mehr an Essenz, Tiefe und Leuchtkraft.
Danke, dass du so bist, wie du bist.
Danke, dass ich deine Seele sein darf.
In Liebe deine Seele.

DIE AUTOREN DER BEITRÄGE

Ein ganz herzliches Dankeschön an alle Mit-Autoren:
Eure Beiträge haben dieses Buch unglaublich bereichert. Danke!

Tina Buch

Yogalehrerin seit 2010. Ihre kleine, feine Yogaschule in Höxter Ovenhausen wurde 2020 aus gegebenem Anlass zu einem Online Studio umgebaut. Hier werden Yogastunden gestreamt und Yoga Online Kurse sowie Online Weiterbildungen für Yogalehrende produziert. Weitere Infos zu Tina und ihren Online Angeboten findest du hier: www.yoga-onlinekurs.de

Tobias Frank

Er unterstützt Menschen dabei, durch achtsame Berührung loszulassen, ihrer Intuition zu vertrauen und mit ihrem Herz in Kontakt zu kommen. Sein Unterricht zeichnet sich durch Klarheit, Authentizität, Humor und Tiefe aus. Tobias ist Autor des Buches „Thai Yoga - Körper & Seele berühren" und bekannt aus YOGA JOURNAL und YOGA AKTUELL. Eine Leseprobe aus seinem Buch und kostenlose Übungsvideos findest Du auf: www.thaiyoga.de

Dr. Olivia Frischmann

Sie ist Gesundheitscoach und ermutigt Menschen dazu ihr Wohlbefinden und ihre Gesundheit selbst in die Hand zu nehmen, egal in welcher Situation sie sich befinden. Sie selbst überlebte metastasierten Brustkrebs und vermittelt seit ihrer Genesung, wie wir alle unser Leben gesundheitsförderlich und voller Freude gestalten können. Denn jeder hat das Potenzial dafür. Erfahre mehr über Olivia und ihre Botschaft auf ihrer Website unter: www.drfrischmann.de

Nina Haisken

Nina wünscht sich zusammen mit ihrem Kater eine friedlichere Menschheit und gibt die Hoffnung nicht auf, dass der FC Schalke 04 mal wieder einen Titel holt. Sie pendelt zwischen NRW und der Türkei sowie gelegentlich dem Allgäu, wo sie für YOGA AKTUELL tätig ist. Sie betreut Tierschutzprojekte in Zusammenarbeit mit Sonnenpfoten Berlin e.V.

Stephanie Herzog

Sportwissenschaftlerin, Coach für Persönlichkeitsentwicklung und Herausgeberin eines Online Magazins. Ihr erstes Unternehmen, ein eigenes Café, gründete sie 2009, das wertreich. Ihr Magazin erscheint regelmäßig seit 2019. Außerdem gibt sie Seminare, Trainings und Mentorings. Mit ihrer liebevollen, weichen und zugleich starken und authentischen Persönlichkeit und Kompetenz unterstützt sie Menschen dabei, in ihre ureigene Kraft und in eine liebevolle Verbindung mit sich selbst zu kommen. Sie lebt in der Nähe von Köln und hat 2 Kinder. Mehr Infos auf: www.wertreich-leben.de oder Instagram: instagram.com/wertreich/

Melanie Jung

50 Jahre, Bewegungs- und Tanzpädagogin, Gründerin und Leiterin von TANZ IM LADEN, Schule für Bewegung, Entspannung und Tanz in Essen. Melanie unterrichtet seit mehr

als 25 Jahren mit viel Herz Kinder, Jugendliche und Erwachsene in Bewegung und Tanz. Die Freude an der Bewegung, den individuellen Ausdruck im Tanz zu fördern und eine positive Beziehung zum eigenen Körper zu vermitteln, sind ihr dabei wichtige Anliegen. www.tanz-im-laden.de

Deljane Kum-Naksch

Hallo, ich bin Deljane Kum-Naksch. Ich bin ein Transformational Teacher & Coach. Ich bin begeistert davon, Menschen zu helfen, ihr authentisches Selbst zu entdecken und in ihre persönliche Kraft einzutreten, um das Leben ihrer Träume zu manifestieren. Eine Kombination aus strategischem Interventions-Coaching (Tony Robbins Methoden), Techniken zum Auflösen und Umkehren begrenzender Überzeugungen sowie zum Heilen von Kindheits- und Ahnenverletzungen. Ich erstelle Kurse und arbeite 1:1 mit meinen Coaching-Kunden, um sabotierende Überzeugungen umzukehren. Damit den Geist mit Gewohnheiten und Überzeugungen neu zu programmieren, die das Leben unterstützen. Um das Leben anzuziehen, das sie verdienen. Weitere Informationen zu mir finden Sie unter: www.metamorphosisjourneys.com/

Markus Rollwa

War den größten Teil seines Lebens im Hamsterrad seines selbst errichteten Gefängnisses gefangen. Inzwischen liebt er wieder das Leben und die wundervollen Menschen um ihn herum – ebenso sich selbst. Heute unterstützt er Menschen als Job-Coach, Computerpate & Wegbegleiter bei Berufungs-Scout. Er nutzt jede Gelegenheit zu lernen und persönlich zu wachsen. Außerdem reist und tanzt er für sein Leben gerne. Mehr Infos findest du auf der Website: www.markusrollwa.de Was bewegt dich aktuell? Oder hast du Fragen oder Anre-

gungen? Dann schreibe mir gerne eine E-Mail: glueckskind@
markusrollwa.de. Ich freue mich über deine Nachricht und
antworte dir so schnell als möglich.

Christine Obermayer

Mag. Christine Obermayr liebt das Leben, die Menschen, die
Natur und ist seit mehr als 20 Jahren auf ihrer inneren Reise.
Als spirituelle Mentorin begleitet sie Menschen in ein Leben
und Wirken in ihrer ureigenen Seelenfrequenz. Das bedeutet
Antworten auf die essenziellen Fragen des Lebens, höchste
Selbst-Entfaltung und die eigene Mission erkennen und leben. Christine Obermayr ist überzeugt davon, dass wir hier
sind, um uns selbst in unserer reinsten Form – der Freude
und Liebe – zu leben. Um uns in aller Erlaubnis zu erfahren,
zu spielen und das Leben in Freude, Fülle und Freiheit zu genießen. www.diamond-coaching.at

Anne Schneider

Pfadfinderin und Wegbegleiterin. www.gruentoene.de

LITERATURANGABEN

[1] Robbie Williams Song: I Love My Life. 2016

[2] vgl. Danielle Laporte: Bleib bei dir - dann findest du dich selbst: Der ehrliche Wegweiser für deine spirituelle Reise. 2018

[3] vgl. Dr. Joe Dispenza: drjoedispenza.de

[4] vgl. https://de.statista.com/statistik/suche/?q=Arbeiten+von+zuhause&Suche=&qKat=search

[5] vgl. Anita Moorjani: What If This Is Heaven?: How I Released My Limiting Beliefs and Really Started Living. 2116

[6] Mark Twain (1835-1910), eigentlich Samuel Langhorne Clemens, US-amerikanischer Erzähler und Satiriker

[7] Marianna Jermakova: www.marianna-jermakova.de

[8] vgl. https://www.spektrum.de/news/unbewusste-entscheidungen-im-gehirn/949689. 2020

[9] vgl. https://www.leading-medicine-guide.de/anatomie/gehirn

[10] vgl. https://www.dasgehirn.info/denken/bewusstsein/was-ist-bewusstsein

[11] Film „Unbroken - Weg der Vergebung"

*Ich danke allen von Herzen für das Mitwirken an
diesem Buch:
Allen Lesern für ihre Aufmerksamkeit;
meiner feinfühligen Lektorin Susanne Düchting,
ohne die es dieses Buch in dieser Form nicht gäbe;
meinen Mitautoren und allen Menschen,
die mich ermutigt haben und mich mit ihrer Rückmeldung
unterstützt haben.*

Danke!

Über Rückmeldungen, Fragen und Anregungen freue
ich mich immer sehr und beantworte jede Mail, die
du an diese Adresse schicken kannst:

info@nicolewendland.de

AUTORENINFO

Nicole Wendland ist Grundschullehrerin und unterrichtet Yoga, Meditation und Qigong. Als Mindshift-Coach begleitet sie Menschen auf ihrer Reise zu sich selbst - in ein Leben voller Lebendigkeit und Freude. Getreu ihrem Motto „it will make you smile" gibt sie begeisternd den Weg in die Lebensfreude in Workshops weiter. Nicole Wendland lebt in der Mitte Deutschlands zwischen Paderborn und Kassel. Mehr zu ihren Angeboten unter: www.nicolewendland.de.